# 商法総則・
# 商行為法

## 《基礎と展開》 第3版

末 永 敏 和 著

*Toshikazu Suenaga*

Commercial
Law

中央経済社

# 第3版 はしがき

　本書は，商法総論・商法総則・会社法総則・商行為法について，制度の仕組みと機能を概説するものである。商法総論では，商法とは何か，その法源にはどのようなものがあるかを論じる。本書では，商法は企業関係を規律する法であるという企業法説に従って説明を進めている。商法総則・会社法総則は，企業の主体である商人（個人と会社）とその企業組織についての通則的規定である。商行為法は，企業取引についての法規制であるが，本書では，企業取引法の通則と，保険を除く個別企業取引に関する法規制を取り上げている。

　本書は，これらの事項について，初学者にも分かるように，コンパクトにまとめたものである。ただ，主要な論点については，できる限り論じるように努めた。①また，『商法判例百選』および『商法（総則・商行為）判例百選［第5版］』に掲載されている大審院・最高裁判例には，その大半に触れるようにしている。ただ，企業取引のうち，商法に規定がないもの（特約店・フランチャイズ，貿易取引，消費者取引，ファイナンス・リース，証券取引など）については，論述の対象としていない。確かに，これらの取引は近時，ますます重要になってきているが，国家試験等では取り上げられないであろうという「予測」の下にあえて外している。

　国家試験においては，手形・小切手の実務上の重要性の低下とともにこの分野から必ずしも出題されなくなる一方で，商法総則（および会社法総則）・商行為法は，逆に重要性を増し，出題される傾向が強まっている。このような中，本書は，比較的短い時間で，商法総則（および会社法総則）・商行為法の骨格・要点・問題点を把握できるよう，工夫を加えて論述したつもりである。

　本書（初版）により，商法を概説することを目的に出版を始めた「基礎と展開」シリーズは，一応完結したが，不備な点を補充するため，絶えず改訂する

必要性を痛感していた。たまたま，商法が大幅改正され，同時に会社法が独立して制定された（平成17年改正，同18年施行）のを機に，第 2 版として刊行した（商法施行規則の改正も含む）。②本書（第 3 版）では商法総則とほとんど同じ内容の会社法総則も含んでいるので，この点をもっと詳しく論じた。そこで，現在では，表題を「商法総則・会社法総則・商行為法」とした方がいいかもしれない。③また，平成28年民法改正（2020年 4 月施行）により，商行為法もかなり改正（ほとんどは民法改正に伴い削除）された（民法の商化）ので経緯も含め，中味も解説している。さらには，④平成30年 5 月の商法一部改正により運送・海商を中心に商法の現代化が図られたので，この点にも触れている（ただし，海商，航空運送，国際海上物品運送法には言及できなかった）。

　　以上，①②③④が本書（第 3 版）の改訂の意図である。おかげで，真の意味で第 3 版となったといえる。

　　本書が大学のテキストや参考書として，あるいは国家試験等の受験参考書として，広く利用されれば，望外の喜びとするところである。

　　最後に，初版および第 2 版に引き続き，本書（第 3 版）の刊行に尽力頂いた，中央経済社および編集の露本敦氏には，心よりお礼申し上げる。

　2020年 6 月

末永　敏和

# 目　次

## 第1編　商法総論

# 第 2 編　商法総則

## 第 1 章　商人─企業の主体 ──────────── 21

## 第 2 章　営業─商人の活動と財産 ──────── 27

# 第 3 編　商行為法

## 第 1 章　商行為の意義と種類 ——————— 89

# 《参 考 文 献》

落合誠一＝大塚龍児＝山下友信『商法Ⅰ　総則・商行為（第6版）』(2019年，有斐閣)

片木晴彦『商法総則・商行為法（第2版）』(2003年，新世社)

岸田雅雄『ゼミナール商法総則・商行為法入門』(2003年，日本経済新聞社)

近藤光男『商法総則・商行為法（第8版）』(2019年，有斐閣)

田邊光政『商法総則・商行為法（第4版）』(2016年，新世社)

中島史雄他『導入対話による商法講義（総則・商行為法）〔第3版〕』(2006年，不磨書房)

蓮井良憲＝森淳二朗編『商法総則・商行為法（第4版）』(2006年，法律文化社)

弥永真生『リーガルマインド商法総則・商行為法（第3版）』(2019年，有斐閣)

関俊彦『商法総論総則』(2003年，有斐閣)

今井宏監修・正井章筰編著『企業法総論』(2004年，中央経済社)

森本滋編『商法総則講義（第3版）』(2007年，成文堂)

森本滋編著『商行為法講義（第3版）』(2009年，成文堂)

神作裕之＝藤田友敬編『商法判例百選』(2019年，有斐閣)⇒百選として引用

江頭憲治郎＝山下友信編『商法（総則・商行為）判例百選（第5版）』(2008年，有斐閣)⇒旧百選として引用

## 法令名・判例集等の略称一覧

### ◆法令名の略称

| | |
|---|---|
| 会 | 会社法 |
| 会計規 | 会社計算規則 |
| 商 | 商法 |
| 商施規 | 商法施行規則 |
| 民 | 民法 |
| 手 | 手形法 |
| 小 | 小切手法 |

\* \*

| | |
|---|---|
| 割賦 | 割賦販売法 |
| 金商 | 金融商品取引法 |
| 刑 | 刑法 |
| 職安 | 職業安定法 |
| 商登 | 商業登記法 |
| 商取 | 商品取引所法 |
| 信託 | 信託法 |
| 出資 | 出資の受入れ，預り金及び金利等の取締りに関する法律 |
| 自賠 | 自動車損害賠償保障法 |
| 担信 | 担保附社債信託法 |
| 独禁 | 私的独占の禁止及び公正取引の確保に関する法律（独占禁止法） |
| 破 | 破産法 |
| 非訟 | 非訟事件手続法 |
| 保険 | 保険法 |
| 民事再生 | 民事再生法 |
| 民訴 | 民事訴訟法 |
| 無尽 | 無尽業法 |

### ◆判例・判例集の略称

| | |
|---|---|
| 最判 | 最高裁判所判決 |

| | |
|---|---|
| 大判 | 大審院判決 |
| 高判 | 高等裁判所判決 |
| 地判 | 地方裁判所判決 |
| 民集 | 大審院民事判例集，最高裁判所民事判例集 |
| 民録 | 大審院民事判決録 |
| 裁判集民 | 最高裁判所裁判集民事 |
| 金法 | 金融法務事情 |
| 判時 | 判例時報 |
| 判タ | 判例タイムズ |

# ■第1編■
# 商法総論

# 第1章　商法の観念━━━━

## 一　商法の意義

　商法とはなにか，つまり商法の意義については，形式的意義の商法と実質的意義の商法の2つのとらえ方がある。

### 1．形式的意義における商法

#### （1）　法典としての商法

　法律で商法の名の下に規定されているものが形式的意義の商法である。この意味の商法は，わが国では最初，明治23年に作られた（旧商法）。現在のものは，明治32年に制定され（新商法），その後，20回以上の改正を経て現在に至っている。改正の対象となったのは，第2編「会社」の部分がほとんどであった。特に最近の改正は，極めて頻繁に行われている。しかし，平成17年に商法典が大幅に改正され，「会社」は削除され，会社法として単行法となった。したがって，現在では，会社法は形式的意義の商法には含まれない。

#### （2）　商法典には何が含まれているか

　現行商法は，第1編から第3編まであり，順に，第1編「総則」（商1〜32），第2編「商行為」（商501〜683），第3編「海商」（商684〜850）となっている。

### 2．実質的意義における商法

　実質的意義の商法とは，商法とは何かを学問的に統一的に考察することによって得られる結論をいう。学問上の商法ともいう。これについては，従来から

論争があったが，現在では，企業法説が通説となっている。

## （1）　企業法としての商法

　通説は，実質的意義の商法を「企業関係に特有の法規の総体」であると捉えている（商法＝企業法）。ここで企業とは，「一定の計画に従い継続的意図をもって営利行為を実現する独立の経済単位」である。つまり，企業は，計画性，継続性，営利性，独立性を要素とする。そのような企業関係に関する法が実質的意義の商法である。実質的意義の商法には，私法法規だけでなく，罰則のような公法法規も含まれる。形式的意義の商法のほか，会社法，商業登記法などの特別法も含まれる。政・省令のような行政庁が定める規則も含まれる（例えば商法施行規則）。しかし，それらの法のすべての規定がそうとは限らない。例えば，商法501条は，絶対的商行為を定めているが，そこに列挙された行為は，商人でない者が1回限り行っても商行為となるから（商法が適用される），同規定は実質的意義の商法に含まれない。

　また，実質的意義の商法は，いわゆる制定法だけでなく，慣習法・自治法の形でも存在する。しかし，企業に関係するものでも，企業関係に特有でない法規は含まれない。例えば，手形・小切手は企業外においても利用されるから，手形法・小切手法は企業関係に特有の法規つまり企業法に含まれない（反対説あり）。手形法・小切手法は，民法に属するともいえず，いわば「有価証券法」という領域に属すると解すべきである。

## （2）　その他の学説とその批判

Ⅰ．従来の考え方（「商業」対象説）　　商法の対象を内容的に，つまり経済上の意義における「商」を中心に確定しようとする立場である。「商」は，「固有の商」（財貨転換の媒介行為——安く買って高く売る）から「補助商」（固有の商を補助する行為——物品運送，損害保険など）へ，さらに「第三の商」（補助商と類型的である行為——旅客運送，生命保険など）へと広がる。そして，この説は，商法を「商」に関する特別私法とする。つまり，発生史的関連付けで説明する立場である。これに対しては，固有の商から，補助商，さらに第三の商までを経済上の商を中心にその延長と

して捉えることは不可能であるとの批判がある。固有の商と第三の商とは関連がないからである。要するに，内容の限定による統一的把握ができていないといえる。

Ⅱ．商的色彩論（田中耕太郎説）　これは商法の規制する法律事実の帯びる色彩（集団性，個性喪失のような技術的色彩）に着眼して商法の対象を確定しようとする立場である。すなわち，一般私法の法律事実のうち，商的色彩を帯びるものを商法の対象として把握する。これに対しては，商法の対象とする生活事実を内容的に限定する方法を放棄していると批判される。しかし，商的色彩という統一的色彩が認められる根底には，それを発現させる統一的な生活関係が存在するはずである。それはすなわち企業を中心とする生活関係であるとすれば，これは企業法説そのものといえる。

＊**企業についての新しい考え方**　ヨーロッパでは，労働者の企業参加（経営協議会，共同決定，労働株など）の進展に伴い，労働者の利益を考慮せざるを得ないから，企業を営利性をもとに理解することが困難となってきた。そこでは，企業は，資本組織と労働組織の有機的組織体であるとでも定義するほかない。日本でもそのような現象が出てくると，企業法説にも影響が及ぶであろう。

## 二　商法の地位

### 1．民法と商法との関係

#### （1）　一般法と特別法

民法と商法とは一般法と特別法の関係にある。企業関係は特殊だから，民法の規定だけでは不十分・不適当なところを商法が規律するわけである。商法の規定の中には，Ⅰ．民法の規定の補充変更したもの（商504以下），Ⅱ．民法上の一般制度の特殊化された形態を規定したもの（商業使用人，代理商，会社，運送，倉庫寄託），Ⅲ．民法にない特殊制度を創設したもの（商業登記，商号，商業帳簿）等がある。民法は一般法であるから，商法の規定がない場合，いずれも民法の規定の補充的適用を受けることになる。

## （2）　民商二法統一論

　これは商法の独自性を否定し，民法に統一すべきであるとする考え方である。イタリアのモンタネリが提唱し，ヴィヴァンテが支持した。これを法典化したものとして1911年のスイス債務法がある（ほかに1942年のイタリア民法典がある）。しかし，企業関係が一般法である民法によっては処理できない特殊性を有する以上，これに応じた特別法である商法があるのは当然である。

## （3）　民法の商化

　これは，Ⅰ．商法上の原則，制度が民法に採り入れられたり（例えば契約自由の原則，法定利息，消滅時効，有価証券等），Ⅱ．民法上の制度，法律関係が商法（会社法）により規律されたりする（例えば民事会社）現象をいう。このようにして商法と民法との限界は流動的であるが，商法が民法に融合し，独自性を失うことはない。民法には身分関係のように独自領域があり，他方，商法の規制対象たる企業関係は絶えず拡張するからである。

## 2．労働法と商法との関係

　企業補助者の企業における法律関係には，Ⅰ．企業者に従属して企業上の労務を提供する面とⅡ．企業者のために第三者と取引関係に立つ面があり，Ⅰを企業補助者の生活利益の保護という観点から，規制するのが労働法，Ⅱを取引関係者の利益調整の観点から，規制するのが商法である。これも前述のように，労働者の「企業参加」が進んでくると不明確になる。これは，企業における労働者の位置付けについて，商法に変容を加える制度である。なお，日本の現行法の下でも，両者の交錯点として，営業譲渡（会社分割も）における企業補助者の引継の問題，偽装解散などがある。

## 3．経済法と商法との関係

　これについては定説がない。経済法の概念そのものが不明確だからである。しかし，前者は個々の経済主体と全体経済との利益の調整を目的とし，後者は個々の経済主体間の利益調整を目的とすると捉えれば，両者は規制の次元と目

的を異にするといえる。なお，経済法と商法は異なるものではなく，究極において結合されるべきものとする説もある。

## 三　商法の特色（民法に対する特色）

### 1．内容上の特色

#### （1）　営利主義

営利主義は企業の本質である。商法上の活動主体は，営利人＝「商人」と規定される。企業活動はすべて営利目的に向かって方向付けられている。企業活動の有償性（商512・513），より高い法定利率（旧商514）などはその現れである。

#### （2）　取引の円滑確実化

企業が営利目的を実現するためには，多数人との間に同種の行為を集団的・反復的に行わなければならず，したがって取引の円滑確実化を図ることが商法の重要な任務となる。これには，Ⅰ．簡易迅速主義，Ⅱ．契約自由，Ⅲ．定型化，Ⅳ．公示主義，Ⅴ．外観主義，Ⅵ．厳格責任主義がある。

Ⅰ．簡易迅速主義　　営利のためには資本の回転が速くなければならないから，取引の大量，迅速な処理が要請される。短期消滅時効の制度（旧商522）など。

Ⅱ．契約自由　　商人の活動は合理的計算に基づいて行われるから，当事者の自由意思に任せるのがよいとされる。流質契約の許容（商515←民349）など。

Ⅲ．定型化　　集団的法律関係の画一的処理のためである。約款，株式申込書など。

Ⅳ．公示主義　　商業登記のように，諸事項を公示して取引の相手方を保護し，取引の円滑・安全を保障する。

Ⅴ．外観主義　　外観と真実が一致しないとき，外観優位を認める。名板貸人の責任（商14）など。

Ⅵ．厳格責任主義　　企業者の信用を維持し，取引の安全を保護する。連帯責任（商511・579）など。

### （3）　企業の維持強化

　企業としての機能を発揮するためには，人的物的諸力を集め（I．労力の補充――商業使用人，代理商，II．資本の集中――会社），損失の危険を分散しなければならない（III．危険の分散――保険）。また，いったん成立した企業についてはその維持を図り（IV．企業の独立性確保――商号，会社），企業の解体による無益な価値の喪失を防止することが要求される（V．企業の解体の防止――営業譲渡）。


## 2．発展傾向上の特色

### （1）　進歩的傾向

① 　商法は企業関係を規制する。企業関係の進歩発展に伴い，商法も進歩発展する。

② 　民法は一般法として，包括的，抽象的規定が多い。それに対し，商法は特殊具体的な規定から成っているので，経済事情の変動に敏感に反応せざるを得ない。

③ 　普通契約条款（約款），商慣習法が制定法の欠陥を補い，制定法改廃の基礎を作っている。

　　このように，商法は進歩的傾向を有しているが，商法の実体内容は，各国の資本主義経済の発展段階によって決定される。

### （2）　世界的傾向

① 　商法は合理主義を基調としているので，内容が各国で同様となる傾向が強い。

② 　国際経済取引が発展するのに伴い，国際的に統一することが要求される。例えば，イ）国際的な標準約款の形成（共同海損に関するヨーク・アントワープ規則），ロ）国際的統一条約（手形法小切手法の統一条約，船舶衝突条約，海難救助条約，船荷証券条約，国際手形条約，EUの会社法統一化作業など）。

## 四　商法の歴史

### 1．商法の起源

　現在の商法上の諸制度の多くは，中世の商人法（慣習法）に由来する。イタリア中心の地中海沿岸や西ヨーロッパに商業都市が発展し，これらの都市で商人に特有な特別法が形成された。すなわち，一般私法に対して独立した特別法としての商法が成立したのは，中世である。

### 2．近代の商法

#### （1）　大陸法系の商法

　最初の近代的商法典は1807年のフランス商法典である（ナポレオン法典の1つ）。同法は，商法を一定の商行為に関する特別法とする立場，すなわち商事法主義をとった。これは従来（中世）の商法の，商人という身分を有するものに特有な法としての性格を否定するためである（自由と平等の反映）。その後の各国の商法は，商法を商人の営業のみに関する特別法として，中世のものとは違う意味（営業の自由を保障）での商人法主義の立場をとった（1897年のドイツ商法典）。そこでは絶対的商行為が廃止された。

#### （2）　英米法系の商法

　商法はコモンローに同化し，民法と商法を分ける考え方は確立しなかった。また，不文法国である。そこでは，普通法（コモンロー）と衡平法（エクイティ）といわれる慣習法の基礎の上に立っている。その後，制定法化されるようになる。アメリカでは各州法の統一を目的として1952年の統一商法典（UCC）が作成された。会社についても，1946年に模範事業会社法が制定された。イギリスでも，1882年に手形法，1890年に組合法，1893年に動産売買法が制定された。

## 3．日本商法の沿革と構造

### （1）沿　　革

　日本法は，明治維新後，外国法を継受したものである。明治23年にロエスレルが起草した旧商法が成立したが，わが国の実情に適しないとして，一部しか施行されなかった。明治32年にドイツ旧商法典を参考に新たな商法典が制定施行された。その後，明治44年，昭和13年，昭和25年，昭和30年，昭和37年，昭和41年，昭和49年，昭和56年，平成2年，平成5年，平成6年，平成9年，平成10年，平成11年，平成12年，平成13年，平成14年，平成15年，平成16年，平成17年に改正が行われた。これらの改正は，主に会社に関するものであるが，平成17年改正法は，総則部分についても相当手を入れた。この間，特別法として手形法（昭7），小切手法（昭8），有限会社法（昭13），国際海上物品運送法（昭32），商法特例法（昭49），会社法（平17）が制定された。

### （2）構　　造

① 　商行為と商人　　商法は，適用範囲（誰のいかなる行為に対して商法を適用するのか）を明瞭にするため，企業主体および企業取引に相当する概念（商人と商行為）を明確に定め，これを基礎として諸規定を整序，体系付けている。

② 　現行商法典と商事法主義　　商人および商行為概念を定めるについては，商行為概念をまず定めてこれから商人概念を導くＩ．商事法主義と，逆にまず商人概念を定めてこれから商行為概念を導くⅡ．商人法主義がある。商法＝企業法説の立場からは，企業主体の概念を定め，これを基礎に企業取引の概念を導く商人法主義の立場が適当である。

③ 　日本商法は，まず商行為として取り扱うべき行為を列挙して商行為の概念を定めている（商501・502）。そしてこれらの商行為を自己の名において業とするものが商人とされるが（商4Ⅰ），商行為をしないでも商人とされるものが認められている（商4Ⅱ——擬制商人）。さらに前記商行為（絶対的商行為，営業的商行為）のほかに，商人がその営業のためにすることによって商行為とされるものがある（附属的商行為——商503）。したがって，日

本商法は基本的に I の立場をとり，商法 4 条 2 項（昭13改正）により II の立場に接近したといえる。

　日本法の問題点として，商法の適用対象の決め方は二元的で，構成も複雑なこと，商行為を限定列挙としているのは，経済の進展に即し得ないこと，商人の営業と関係ない偶発的営利行為をも商行為の列挙中に掲げているのは，妥当でないことを指摘できる。

〈設　問〉————————————————————————————

　　◇商法とは，どのような法か。

　　◇商法の歴史について簡単に説明しなさい。

# 第2章　商法の法源━━━

## 一　緒　説

　実質的意義の商法（企業法）の存在形式，すなわち商法がどのような法により構成されているかを具体的に認識する根拠となる資料を商法の法源という。いわば商法を構成するいろいろな法のことである。この意味の商法の法源としては，商事制定法，商事条約，商慣習法，商事自治法がある。

## 二　法源の種類

### 1．商事制定法

　制定法とは，国家が成文の形式で制定した法である。複雑かつ技術的である企業生活の法律関係の明確性を期待するには，制定法による必要があり，その意味で特に重要である。その中心となるのは商法典である。商法典の附属法令（商法典の規定を施行し，またはその具体的細目を定める法律）として，会社法・整備法，商業登記法がある。また，商法典を補充変更する特別法（ある程度独立して存在する法律）として，会社法，国際海上物品運送法などがある。なお，商法施行規則や会社法施行規則等の政省令も商事制定法に含まれる。

### 2．商事条約

　条約とは，国家間で締結される契約をいう。条約は，批准，公布により，国内法と同一の効力を生じる。法源としての商事条約は，商事条約のすべてでなく，直接に締約国の国民相互の関係を規制するものに限られる。締約国に特定

内容の法律を制定する義務を負わせるにすぎない条約は，商法の法源と見ることはできない。法源としての商事条約には，船舶衝突に関する条約，海難救助に関する条約などがある。

### 3．商慣習法（慣習の形で存在する企業関係に関する法）

商慣習法は，固定的，非弾力的な制定法と企業生活の実際の間隙を埋める。商慣習法は，企業生活を合理的に規律する機能を有する。商慣習法は，事実たる商慣習（民92）とは異なる。すなわち，事実たる商慣習が，企業関係において法規範として遵守すべきものと一般に確信されるようになった段階で，商慣習法となる。

商慣習と商慣習法は次のように異なる。

Ⅰ．商慣習は，当事者がこれによる意思を有するときにのみ拘束力を有するにすぎないが，商慣習法は，当事者の意思いかんに関わりなく拘束力を有する。

Ⅱ．商慣習は，当事者がこれによる意思を有するときは，任意法規に優先して適用される。商慣習法は，商法に任意法規があるときは成立しない。

Ⅲ．商慣習の存否は，裁判所による事実認定の問題にとどまるが，商慣習法が存在するときは，これを採用しないと法の適用を誤ったものとして上告理由となる。

> ＊大判昭和19・2・29民集23・90旧百選1　　白紙委任状付記名株式譲渡の商慣習法性を認めた事例である（現行法では解決済み）。大判昭和15・2・21民集19・273百選1は，再保険の商慣習法性を認めた事例である。

### 4．商事自治法

商事自治法とは，会社その他の団体が自主的に定める規則をいう。団体の構成員ないし関係者に対し，法的拘束力を有するので，商法の法源に属する。商事自治法には，会社定款，取引所の業務規程，手形交換所の交換規則などがある。

## 5. その他の法源——普通契約条款（約款）の法源性

### （1）　約款の意義

約款とは，保険約款，銀行預金約款のような，特定種類の取引に画一的に適用される定型的な契約条項をいう。

### （2）　約款の法源性

約款が自治法であるとすれば法源と認められる。しかし，否定説が多数である。約款の多くは，企業または企業者団体が一方的に作成し，企業者の経済的優位の下で事実上，利用されるにすぎず，直ちに法的効力を有するものと解することはできないという。それでは，約款はなぜ当事者を拘束するかが問題となる。

### （3）　約款の拘束力の根拠

Ⅰ．従来の判例（意思主義）　　当事者が特に約款によらないとの意思を表示しない限り，約款による意思をもって契約したと推定する（大判大正4・12・24民録21・2182旧百選2）。しかし，約款を知らなかったことを立証すれば約款に拘束されないことになり，人により拘束されないものが出てくるので，それでは法的安定性を害すると批判された。

Ⅱ．白地慣習法説（従来の通説）　　一般に取引が約款によって締結されている場合，その取引分野における取引は「約款による」との慣習（法）が存在するという。具体的な約款を商慣習法ないし商慣習の内容と見るのではないから，「白地」商慣習法説と呼ばれる。この説に対しては，新種の企業における新約款採用の場合の説明が困難であると批判されている。

Ⅲ．最近の立法動向　　ドイツやイギリスの約款規制法は，相手方に約款を示し，かつ内容を知らせることを契約の効力発生の要件とする。この場合，約款の拘束力に関する従来の議論（知らなくても拘束することを前提）は意味を失う。最近の日本の消費者契約保護法や金融商品サービス契約法は，この動向に沿うものであるが，未だ不十分である。

　＊意思主義の再評価　　独英のような一般的な約款規制法のない法制度のもとでは，意思主義をとるほうが約款利用者の保護につながることになるとして，

意思主義を再評価する動きがある。

**（4）　約款の規制**

　約款の内容を公正なものにするために，国家的規制が必要である。これには，行政的規制（約款の開示，認可，届出など），立法的規制（商739，割賦5・6），司法的規制（約款規定を無効にしたり，制限的解釈をする）がある。

**（5）　無認可約款の私法上の効力**（最判昭和45・12・24民集24・13・2187）

　判例は，企業保険と家計保険を区別し，前者においては保険契約者である企業者は経済力と知識を有するから，保険者もその利益を無視できず，約款の合理性はその面から担保されるから約款に対する行政的監督は後退してよく，したがって認可を受けない変更約款に基づく保険契約は原則的に有効とする。通説も当然に無効ではないとする。しかも，家計保険でも無認可約款による契約は一律に無効となるのではなく，家計保険のほうが公序良俗（民90）違反のため無効になる範囲が広いにすぎないと解する。

## 三　商慣習法の地位（商法1条2項）

### 1．商慣習法と民法

　民法との関係については，商法1条2項により，商慣習法に民法に優先する効力が認められる。この場合，商法1条2項は法の適用に関する通則法（以下，通則法という）3条の例外規定ということになる（平成16年改正で「商慣習法」から「商慣習」へと表現は変わったが，通則法3条に合わせたもので，実質は商慣習法の意味である）。これは，商法の対象とする企業関係は絶えず変動するものであるから，商慣習法の成立が容易であり，しかも，商慣習法は合理性を有し，制定法と企業生活の実際との間の間隙を補充して商法の内容を充実していくものであることを考慮したものである。

　なお，特別法は一般法に優先するという原則から，商法が民法に優先して適用されること，また，商法典に規定がない場合に初めて商慣習法が適用されることも当然である（通則法3）。したがって，商法1条2項の持つ意味は，商慣習法が民法典に優先する効力を認めたことにある。

## ２. 商慣習法と商法典の規定

　通説は，通則法 3 条により商法典が常に優先すると解する。商法 1 条 2 項は
これを確認したものであるという。しかし，通説でも，立法論としては，商法
1 条 2 項を削除すべきであるとの意見が多い。一方，解釈論としても商慣習法
に成文の商法と同等の効力を認めようとする説がある。慣習法も法規範である
限り，慣習法に制定法変更力を認めないとすることは問題であるとする。この
説によれば，商法 1 条 2 項，通則法 3 条の規定は，単に新たな法律が制定され
たときはこれと抵触する既往の慣習法が廃止されるという当然の効力を定めた
ものにすぎないのであって，既往の商法の規定を変更する新しい商慣習法の成
立することまでを阻止する規定ではないとする。

## 四　法適用の順序

　商慣習法の特殊的効力を除き，商事に関する法規の適用は一般の原則による。
すなわち，特別法は一般法に優先する。条約は法律に優先する。商事自治法は，
契約と同様，最も優先して適用される。したがって，実際には，商事自治法→
商事特別法（または商事条約）→商法典→商慣習法→民事特別法（または民事
条約）→民法典→民事慣習法の順となる。

## 五　商法の適用範囲——事物，時，人および場所

① 　商人の営業，商行為その他商法の対象となる事項を商事という。しかし，
　　何がこの商事に属するかどうかは，商法典の規定の解釈問題であって，一
　　般的に述べることはできない。
② 　新法施行前に生じた事項について新法が適用されるか（遡及するかどう
　　か）が問題となる。新法の制定または法令の改正に際しては，その時間的
　　適用範囲について詳細に規定するのが普通である。昭和13年改正以降は，
　　新法遡及の原則を定めている。
③ 　商法は，すべての日本国民および全日本領土において適用されるのを原
　　則とする。特定の事項については，日本商法が外国人に対し，または外国

領土において適用されることがあり，反対に日本国民に対しまたは日本領土において外国商法が適用されることがある。これは国際私法上の問題であり，通則法4条以下の一般規定のほか，手形法，小切手法などにも特別規定がある（手88，小76〜）。

〈設　問〉───────────────────────────

　　　◇商慣習法と民法とでは，どちらが優先して適用されるか。商慣習法と商法典とではどうか。

# ■ 第 2 編 ■
# 商法総則

# 第1章　商人－企業の主体━━━

## 一　商人の意義

《商法総則の体系》　形式的意義の商法総則は，商慣習法のような商法の法源に関する問題等を別にすれば，いわば企業組織に関する通則的規定である。具体的には，企業主体である商人概念についてまず定めた後に，それの行う営業（活動と財産）を基礎に，物的施設たる商号および商業帳簿，人的施設たる商業使用人および代理商を規律し，商人の公示制度である商業登記について制度的規制（手続・効力）を行っている。なお，商人のうち会社が会社法により規制され，商法総則で規制されている規定（会6〜24）も含まれているため，現行の商法総則は主として個人商人に関するものとなっている。

### 1．総　　説

商法は，企業の主体（担い手）を商人と呼んでいる。前述のように，商法の中心概念である商人（と商行為）の定め方については，商行為法主義と商人法主義の対立があるが，わが国の商法は，両者の折衷主義をとっている。

### 2．固有の商人（商4 I）

商法4条1項によれば，「商人とは，自己の名をもって商行為をすることを業とする者をいう」。

① 商行為とは，絶対的商行為（商501），営業的商行為（商502）をいうものとされていた。しかし，会社がその事業としてする行為およびその事業の

ためにする行為も商行為である（会5）ので，附属的商行為も会社に限り
含まれるということになろう。

②　業とするとは，営業とすることをいい，営業とするとは①の商行為を営
利の目的をもって計画的・継続的に行うことをいう。継続的にとは，長期
間であることを要せず，博覧会開催中や海水浴期間中の売店経営でもよい。
営利の目的とは，利益を得る目的をいい，その有無は社会的，客観的に決
められる。当人の主観的意図によらない。医師，弁護士，芸術家はその目
的がないとされる。しかし，これらの者は，そもそも商行為をしていない。

③　自己の名をもってとは，その営業活動から生じる権利義務がその者に帰
属するという意味である（それに対して計算においてとは，損益の経済的
効果が帰属することをいう）。

以上によれば，会社は，商人といえる（最判平成20・2・22民集62・2・576百選
29）が，商法総則の規定（商1～32）は適用されず（同様の規定が会社法総則に
規定されている），商法総則上の固有の商人は，実際上，個人商人に限られる。

### 3．擬制商人

商行為以外の営利行為を営業とする者もその企業設備や経営形式の類似性か
ら商人とみなされる（商4Ⅱ）。これらの商人を擬制商人という。そのようなも
のとしては次のものがある。

#### （1）　店舗その他これに類似する設備によって物品を販売することを業とする者

農産物・水産物などを収穫・捕獲して販売する行為は商行為ではなく，これ
を営業としても商人にならないが（例えば，漁師が捕獲した魚を行商しても商
人とはならない），店舗などの設備を設けてこれを営業とする場合には固有の
商人と区別する必要もないので，擬制商人とした。

#### （2）　鉱業を営む者

鉱業は，大規模な企業設備により経営されるのがふつうであるから，これを
営業とする者を擬制商人とした。石炭や金の採掘業者がそうである。なお，規
定上は，企業的設備を要件としていない。

**（3）　民事会社**（旧商52Ⅱ）

　旧商法は，民事会社（商行為以外の営利行為を目的とする会社で，固有の商人ではない）も会社という経営形態をとっていることに着目してこれを商人とみなした。原始産業を目的とする会社（漁業会社）がこれにあたる。放送会社や消費者金融会社もそうである。なお，それに対して，商事会社とは，商行為をなすを業とする目的で設立された会社をいう。会社法は，商事会社と民事会社を区別することなく規制しているため，民事会社を商人とみなす規定は削除された。

## 二　小　商　人

　商人のうち，法務省令で定めるその営業のために使用する財産の価額が法務省令で定める金額を超えない者を小商人と呼び，商法のうちの未成年者登記，後見人登記，商業登記，商号登記，商業帳簿，および物品販売店舗の使用人に関する規定が適用されない（商7）。この者にこれらの規定を適用すると，当該商人に過大な負担となり，一般の商人の商号選定の自由を狭めるおそれがあるからである。小商人以外の商人を完全商人という（商法が全面的に適用される）。

　法務省令である商法施行規則によれば，財産の価額とは，営業の用に供する財産につき最後の営業年度に係る貸借対照表に計上した額とされ，最低金額は50万円とされる（令施規附則10，商施規3）。

## 三　商人適格と商人資格の得喪

### 1．いかなる者が商人資格を取得できるか（商人適格または商人能力）

① 　自然人の権利能力は無制限だから，誰でも商人になれる。年齢，性別，行為能力に関係ない。近代憲法の下では，営業の自由が保障されている（その制限については後述）。

② 　法人は営業を行うことが法人の本来の目的と矛盾しないかどうかにより判断される。

Ⅰ．公共組合，協同組合，取引所は，法律によって目的が特定されているの

で商人になれない。すなわち，これらの団体は，構成員の相互援助ないし
共同利益の増進のために事業目的が特定され，しかもその事業は営利事業
ではない。

　　＊**商人性に関する最高裁判決**　最判昭和48・10・5判時726・92百選3（信用
　　協同組合について商人性を否定），最判昭和63・10・18民集42・8・573（信
　　用金庫について否定）

Ⅱ．公益（財団，社団）法人は，法人格承認の基礎が公益性にあるので商人
　　適格はない（民34参照）。ただし，反対説も有力に主張されている。公益を
　　図るため付随的に営利事業を行うことができ，その限りで商人になりうる
　　という。

Ⅲ．国・地方公共団体は，存立目的が特定されていないので（行政目的を遂
　　行する手段に限定がない），商人適格を認めて差し支えない。バス・電車
　　のような営利事業を営むことができる。

Ⅳ．会社のうち，いわゆる商事会社は，法人格と商人資格とが終始相伴う生
　　まれながらの商人である（商4）。ただ，商法総則の適用はない。同様の規
　　定が会社法に定められているからである（会6～24）。


## 2．商人資格の取得および喪失の時期

　商人資格の取得および喪失時期は，商法規定（例えば，商511・514・522）の適
用を決する標準となる。

### （1）会　　社

　商人資格は会社の成立（設立登記のとき——会49）によって取得し，清算の結了
によって喪失する。解散しても清算の目的の範囲内で存続する（会476・645）。
なお，設立中の会社の概念を認めるときは，会社の成立前から商人資格を取得
するという考え方も成立しうる。以上についてはいわゆる民事会社（23頁参照）
について，商行為法の適用がある場合（会5）にもいえる。

### （2）自然人・会社以外の法人（最判昭和33・6・19民集12・10・1575百選2）

　営業の開始によって商人資格を取得するが，それは必ずしも営業目的自体を

開始することでなく，その準備行為によって営業開始の意思が実現または表示されたときである。営業開始前のいつの時点で商人資格が取得されるかについて以下のように説が対立している。

Ⅰ．営業意思主観的実現説（中期の判例：大判昭和6・4・24民集10・289）
　　営業意思を準備行為により主観的に実現した段階で既に商人性を認める。

Ⅱ．営業意思客観的認識可能説（学説の多数説）　　準備行為により営業意思が客観的に認識可能となったときに商人性を認める。例えば，営業資金・店舗の借入により認識可能となる。

Ⅲ．準備行為自体の性質による営業意思客観的認識可能説（最近の判例：最判昭和47・2・24民集26・1・172）　　営業設備のある営業所の借受のように，それ自体で営業意思が客観的に明らかなときに認識可能となる。

Ⅳ．表白行為説（初期の判例：大判大正14・2・10民集4・56）　　商人性が認められるためには，店舗開設・開店広告の配布などによって，営業開始の意思が外部に表示される必要があるとする。

　　＊**段階説の登場**　　商人資格の取得と附属的商行為の成立を段階的ないし相対的に認める説である。この説が商人と取引の相手方の利益を最も妥当に調整する。それによれば，営業意思が主観的に実現された段階では，相手方から商人資格とその行為の附属的商行為（商503）性の主張を認める（商511・514）。特定の相手方に客観的に認識される段階では，その相手方に対し行為者からの主張も認める（商522）。店舗開設など，商人と一般に認識されうべき段階では，附属的商行為の推定が生じる（商503Ⅱ）。

　なお，営業終了により商人資格を喪失するが，それは営業目的たる行為を終止することではなく，残務整理活動（附属的商行為となる）が終了したときである。

## 四　営業能力

　営業能力とは，自ら営業を行うことができる能力，すなわち営業上の行為能力をいう。営業能力は，自然人のみ問題となりうる。営業能力の有無は民法原

則による。ただ営業制限能力者たる商人の営業方法について，営業活動の集団性，反復性および取引安全確保の必要性に照らして，商法は特則を設けている（商5・6）。すなわち，第三者保護のため，登記による公示を要求している。

〈設　問〉────────────────────────

　　　　◇開業資金の借入債務は，何年の時効によって消滅するか。

# 第2章　営業－商人の活動と財産━━━

　商法の規制の対象とする企業を営業と呼んでいる。すなわち，企業と営業は，大体，同義である（通説）。なお，会社法では，営業を「事業」と呼んでいる。

## 一　総　　説

営業には，主観的意義と客観的意義の二義がある。

① 　主観的意義の営業とは，営業上の活動を意味する。営業を行う（商5・6・14），営業の部類に属する契約（商509・510），営業の自由という場合の営業はこれを指す。

② 　客観的意義の営業とは，一定の営業目的を達成するために組織化された有機的一体としての財産を意味する。営業の譲渡（商16），賃貸借という場合これを指す（会467）。

③ 　両者は相互に密接な内的関連を有する。①は②を前提とし，①の結果，②が増えるという関係にある。

## 二　営業の自由と制限

### 1．営業の自由

　営業の自由は，近代資本主義社会における根本原則の1つである。この自由は，封建社会からの脱却を意味する。憲法22条1項はこれを職業選択の自由として定めている。ただ，公共の福祉による制限がある。

## 2．営業の開始に関する制限（営業を行うこと自体の制限）

### （1）　公法上の制限

　一般公益上の理由から営業が禁止されたり（刑136・175），国家の独占事業とされたり，警察行政上の理由から許可制がとられたり（古物営業，飲食店，風俗営業），事業の公共性から免許制とされたりすることがある（電気・ガス）。

### （2）　私法上の制限

　契約，法令の規定によって制限される。営業の制限を目的とする契約は，公序良俗に違反しない限り有効である（ただし，商16Ⅱ，会21Ⅱ，独禁3〜）。法令による制限としては，営業譲渡人，支配人，代理商，会社の無限責任社員，取締役に対する競業禁止がある（商16・23・28，会2・17・20・594・356）。受任者的立場に立ち，他人の事務を忠実に処理すべき者にその他人と競業しない義務が課せられる。

## 3．営業の方法（態様）に関する制限

### （1）　不正競争の禁止（不正競争防止法）

　営業活動が不正手段によって行われることを防止するものである。競争を行う場合に不正な手段でこれを行うことを禁止する。例えば，他人の商品，営業の表示と同一または類似のものの使用が禁止される（偽ブランド品）。

### （2）　私的独占，不当な取引制限（カルテル），不公正な取引方法の禁止（独禁1・3・19）

　独占禁止法は，独占体の形成により公正かつ自由な競争が制限され，国民経済の健全な発達が阻害されるのを防止する。競争を制限・停止する行為を禁止する。

# 三　営　業　所

## 1．意　　義

営業所とは，商人の営業活動の中心となる場所をいう。

① 場所であって，店舗その他の物的施設をいうのではない。

② 　営業活動の中心とは，営業活動の本拠であって，営業の指揮がそこから
発せられ，営業活動の成果がそこに統一されることをいう。外部的にも営
業活動の中心として現れる場所でなければならない。事実行為が行われる
にすぎない工場・倉庫などは営業所でない。鉄道の駅や売店も違う。他所
で決定されたことに従い取引を行うにすぎない。営業上の主要活動がなさ
れない。

③ 　営業所かどうかは，その場所が営業活動の中心たる実質を備えているか
どうかにより客観的に決すべきであって，商人の主観的意思（本店または
支店の表示）によるのではない。これにより，営業所を任意に移すことに
よる訴訟回避を防止できる。しかし，登記をした場合には，善意の第三者
に対してそれが営業所でないことを主張できない（商9Ⅰ，会908Ⅰ）。

## 2．本店・支店

　商人はその営業につき数個の営業所を有することができる。その場合，各営
業所は，一定の範囲で独立性を保持しながら，その間に主従本末の関係が認め
られる。その主たるものを本店といい，従たるものを支店という。本店は全営
業の最高指揮を発する場所であり，支店はそれに従属しつつ一定の範囲で独立
性を有する営業所である。つまり，支店も営業所である。なお，個人商人は支
店を持つことが少ないため，商法総則（および商行為法）では，平成16年改正
により，支店の文言は原則的に使用しないこととなった。

## 3．営業所に付された効果

### （1）　営業所一般または本店

　その多くは人の住所の効果と同じである（なお，会4）。商行為によって生じ
た債務履行の場所となり（商516），裁判所または登記所の管轄を定める標準と
なり（商8，会907，商登1の3，民訴4Ⅰ等），訴訟書類送達の場所となる（民訴103
Ⅰ）。

## （2）支　　店

① 支店においてなされた取引の債務履行の場所になる（商516）。

② 登記事項については，本店と同様に支店の所在地における登記を伴うと されていたが（改正前商10），平成16年改正によりこの規定は廃止された。 なお，会社についても，支店の所在地では，登記しなくてよくなった（令 和元年会社法改正）。

③ 支店限りの支配人を選任できる（商20・22）。

④ 支店の営業のみを独立に譲渡できる（営業譲渡）。

## 四　営業の譲渡

### 1．緒説——経済的位置付け

　商法は，営業を譲渡することができるとする（商15～）。営業譲渡は，商人の 営業廃止に際しての簡易な清算方法となり，営業の解体を防止し，企業の維持 に役立つ。営業譲受人にとっては，企業規模の拡大となり，営業譲渡は，合併 と並んで企業合同の一方法となる。さらに営業譲渡は，企業分割にも利用され る（営業の一部を譲渡して子会社を設立する場合）。

### 2．営業（事業）の意義・法的地位

### （1）営業（事業）の意義（客観的）

　客観的意義の営業（事業）とは，一定の営業（事業）目的のために組織化さ れた有機的一体としての財産をいう（営業財産説）。

> ＊営業のいろいろな捉え方　　大きく，営業の用に供せられる各種財産の総体 をもって営業と解する営業財産説，いわゆる老舗・暖簾などの財産的価値あ る事実関係をもって営業の本体とする営業組織説，営業活動をもって営業の 本体であると解する営業活動説に分けられる。営業組織説は，営業を構成す る各個の財産を除いて特に事実関係のみを営業と解するについての合理的な 説明が十分でない。各個の財産と事実関係が内的に密接に関連して営業の機 能が発揮されることからすれば，両者の組織的一体を営業として把握するの が適当である。また，営業活動説については，社会・経済的にはともかく，

法的には人の活動である営業活動をもって譲渡・賃貸借などの対象となると
みるのは無理がある。営業財産説が通説であり，同説は今日，営業を物また
は権利の他に，事実関係も加えて，これらのものの組織的一体と解している。
これがこの有機的営業財産説である。

① 営業（事業）目的に関係ないものは含まれない。例えば，個人商人の私
用財産は営業に含まれない。しかし，会社には，私用財産はない（すべて
事業財産である）。

② 財産としての営業（事業）は，積極財産および消極財産（債務）の双方
から構成される。積極財産には，動産・不動産・債権のほか得意先関係・
仕入先関係・営業上の秘訣（ノウ・ハウ）・営業（事業）の名声・経営の
組織などの財産的価値ある事実上の関係（暖簾・老舗）をも包含する。

③ 営業（事業）はこれらの財産の単なる集合ではなく，一定の営業目的の
もとに組織化された社会的・経済的に活力を持つ有機的一体であり，その
有機的一体性を基礎付ける中核をなすのが得意先等の事実上の関係であり，
これにより各構成財産の価値の算術的合計より高い独自の価値を有する。

**（2）　営業（事業）の法的地位**

① それ自体独立の権利主体でなく，法律上は権利主体としての商人に帰属
する客体でしかない。

② 営業（事業）自体として所有権などの物権の客体とならず，営業（事業）
を一体として物権的に処分することはできない（参照，後述の財団抵当，
企業担保）。

③ 法律上，特別財産を構成するわけではない。営業上の債権者も営業外の
債権者も平等に営業財産から弁済を受けることができ，破産したときには，
営業財産も私用財産も破産財団に属する。

④ 侵害の対象としての営業（事業）を考えたとき，これを人格権や営業権
として一個の権利として捉えず，営業（事業）を構成するそれぞれの権利
や事実関係の侵害を違法性の面から捉え，不法行為（民709）の成否を考え
る立場が通説である。この立場によれば，権利侵害は違法性の徴表にすぎ

ず，広く違法行為があり，それにより損害が生じれば，不法行為の成立を
認める。

## 3．営業（事業）の譲渡

### （1）　緒説・営業（事業）譲渡の経済的意義

　一定の営業目的のために組織化された統一的財産としての営業（事業）は，
組織の高度化に伴い客観性を増し，それ自体が取引の対象となりうる。また，
商人の営業（事業）廃止に際し，営業（事業）の解体を防止することは，営業
（事業）主および国民経済の利益のために必要である（企業維持の原則）。

### （2）　営業譲渡の意義についての従来の諸説

営業の意義に関する諸説に応じ，次のような諸説が対立していた。

Ⅰ．経営者地位引継説　　営業の意義に関する営業行為説によれば，営業者
　たる地位の承継に伴ってなされる営業財産の譲渡と捉える。

Ⅱ．営業組織説　　営業組織説によれば，事実関係の移転が本体で各営業財
　産の移転はそれに付随するものと考える。

Ⅲ．営業財産譲渡説　　有機的営業財産説によれば，一定の営業目的のもと
　に有機的に結合された組織的財産を一体として移転することである。

Ⅳ．判例（最判昭和40・9・22民集19・6・1600百選15）　　一定の営業目的のた
　めに組織化された有機的一体として機能する財産（得意先関係等の経済的
　価値ある事実関係を含む）を移転し，それにより譲受人が譲渡人の営業活
　動を承継し，譲渡人は16条に定める競業避止義務を負う結果を伴うものと
　する。Ⅲ説にⅠ説を加味した考え方であるといえる（営業財産および経営
　者地位引継説）。

Ⅴ．検討　　しかし，経営者の地位の引継は，営業財産の移転に事実上当然
　に伴うにすぎないものである。また，経済論と法律論を混同している。さ
　らに，競業避止義務（商16）は法定の義務であり（任意規定），特約により
　排除できるから，不可欠の要件ではないと考えるべきである。したがって，
　Ⅲ説が妥当である。

## （3）　性　　質

営業（事業）譲渡は，物または権利だけでなく，事実関係（得意先，営業の秘訣など）をも含むものの移転であるから，純粋の売買・交換または贈与ではなく，複雑な内容の混合契約である。

## （4）　態　　様

営業（事業）の全部譲渡と一部譲渡とがある。後者でもそれ自体一個の営業の移転である必要がある。営業を構成する各個の財産の譲渡とは異なる。通常，支店の譲渡は営業の一部譲渡と解される。譲渡人は営業の主体として常に商人である。譲受人は非商人でよく，そのときは営業譲受契約の締結により商人になり，当該契約はその者の附属的商行為となる。

## （5）　手　　続

当事者間の合意のみで契約は成立する。しかし，書面によるのが普通である。会社では，社員の利益に重大な影響を及ぼすから，効力要件として慎重な内部手続を要求される（会467・650）。つまり，株主総会等の決議がないときは，契約は無効となる。

> ＊**会社法467条１項１号の事業譲渡の意義**　　判例（前記最判の他，最判昭和41・2・23民集20・2・302，最判昭和46・4・9判時635・149）は，商法総則の営業譲渡と同一意義に解する。すなわち，営業（事業）財産の移転，営業（事業）活動の承継，競業避止義務の負担を伴うものとする。なお，少数意見は，重要工場の重要機械の譲渡（個別財産の移転）も事業の重要な一部の譲渡となりうるとする（株主保護の観点を重視）。学説の有力説は，営業（事業）活動の承継や，したがって競業避止義務の負担の要件はいらないとする（営業（事業）財産の移転のみ）。以上を検討すると，同条項の立法目的は株主保護である（総則規定の趣旨と異なる）。営業（事業）譲渡も取引であるから，相手方の保護も考慮すべきである。判断基準に客観性が保たれていることが必要である（少数意見は問題がある）。できれば，総則との間で概念の統一性もあったほうがよい。以上からすると，有力説が適当かと思われる（総則でも同様に考える）。

## （6）　営業（事業）譲渡の効果

Ⅰ．当事者間の関係　　a．譲渡人の営業（事業）財産移転義務　　契約に別段の定めがないとき，営業（事業）に属する一切の財産が対象となる。会社の合併のような包括承継ではないから，営業（事業）を一体として物権的に移転させることはできないので，財産の種類に従い各別に移転行為をなし，第三者に対抗するための手続をとる必要がある（登記——民177，引渡——民178等）。事実関係について，営業上の秘訣について伝授，得意先・仕入先について案内・紹介が必要である。商業使用人や代理商との関係も営業譲渡の対象になる。これらの者の同意が必要と解する説がある。

b．譲渡人の競業避止義務（商16，会21）　　譲渡人の譲渡後の競業を認めると，従前の得意先を自己に誘引したりして，営業（事業）譲渡の実効性を失わしめるからである。他方，譲渡人の営業の自由も考慮する必要がある。

　　＊競業避止義務の法的性質　　この義務を経営者地位の引継に伴う当然の結果とみるか，営業譲渡の当然の結果とみるか，あるいは法定の義務と解するか争いがある。

ただ，商法は，次のように，無制限に競業禁止を認めるわけではない。

a．不正競争の目的をもって同一の営業をなすことが禁止される（商16Ⅲ，会21Ⅲ）。不正競争の目的とは，顧客の奪取など営業譲渡の趣旨に反するような目的をいう。

b．特約がないときは，同一および隣接市区（東京都・政令指定都市）町村内において20年間の同一営業を再開することは禁止される（商16Ⅰ，会21Ⅰ）。

c．特約があっても，30年を超えない範囲の競争制限のみ有効とされる（商16Ⅱ，会21Ⅱ）。


Ⅱ．第三者に対する関係　　営業（事業）譲渡は債権契約であり，当事者間で営業（事業）の移転をなすべき債権・債務を生じるにとどまるが，商法は取引関係者保護のために特則を置く。

a．営業（事業）上の債務　　債権者に対する関係で譲受人は当然には義務

者になるわけではないが，債権者保護のため特則が設けられている。

ｉ）商号の続用がある場合（商17Ⅰ，会22Ⅰ）　　譲渡人の営業について生じた債務について，譲渡人と並んで譲受人も弁済責任を負う。商号の続用の場合は，債権者は営業主の交代を知り得ずまた知っても営業債務も移転したと考えるから，そのような債権者の信頼を保護するためである。

**＊商号の続用について**　　最判昭和38・3・1民集17・2・280百選17は，有限会社米安商店と合資会社新米安商店との間には，商号の続用はないとする。「新」の字句は継承的字句ではなく，新会社は旧会社の債務を承継しないことを示すための字句であるという。

**＊営業（事業）の現物出資**　　最判昭和47・3・2民集26・2・183旧百選22は，営業（事業）の現物出資がなされ，この出資を受けて設立された会社が出資者の商号を続用する場合について，営業（事業）譲渡も現物出資もいずれも法律行為による営業（事業）の移転であるとして，商法17条（会22）を類推適用し，現物出資者の債権者に対して会社も責任を負うとした。

**＊商法17条1項（会22Ⅰ）の類推適用（最判平成16・2・20民集58・2・367百選18）**　　預託金会員制のゴルフクラブの名称がゴルフ場の事業主体を表示するものとして用いられている場合において，ゴルフ場の事業の譲渡がされ，譲渡人が用いていたゴルフクラブの名称を譲受人が継続して使用しているときには，譲受人が譲受後遅滞なく当該ゴルフクラブの会員によるゴルフ場施設の優先的利用を拒否したなどの特段の事情がない限り，会員において，同一の事業主体による事業が継続しているものと信じたり，事業主体の変更があったけれども譲受人により譲渡人の債務の引受がされたと信じたりすることは，無理からぬものがあり，したがって，譲受人は，特段の事情がない限り，商法17条1項（会22Ⅰ）の類推適用により，会員が譲渡人に交付した預託金の返還義務を負うものと解するのが相当である，という。

最判平成20・6・10判時2014・150百選19は，会社分割に商法17条1項（会22Ⅰ）を類推適用した事案である。会社分割と事業譲渡は，法律行為によって事業の全部または一部が別の権利義務の主体に承継される点で異ならないという。

**＊責任の回避（商17Ⅱ，会22Ⅱ）**　　譲受人が譲渡後すぐに譲渡人の債務につき責任を負わないことを登記または第三者に通知したとき，弁済責任を免れ

る。

ii）商号の続用がない場合（商18Ⅰ，会23Ⅰ：以下の規定は，会社と商人の間での事業の譲渡または譲受に適用される）　　譲受人は譲渡人の債務について弁済の責任を負わないのが原則である。しかし，債務引受の広告をしたときは責任を負う。この場合，外観法理または禁反言原則が働く。

　　広告中に債務引受の文字がなくても，その趣旨が含まれていればよい。かつては債務引受の趣旨を緩やかに認める判例もあった（最判昭和29・10・7民集8・10・1795）は，「今般弊社は事業を甲社より譲り受け乙社として新発足することになりました」との広告を債務引受の広告とみなした）。これに対しては，批判が強かった。

　　　＊最判昭和36・10・13民集15・9・2320百選20　　「Ａ・Ｂ・Ｃの3社は，小異を捨て大同に就き茲にＹ会社を創立し…新社名の下に営業を開始することに相成りました」という旨のＹ会社が配布した書面は，単なる挨拶状であり，債務引受の趣旨を含まないとした。

iii）譲渡人の責任についての特別の除斥期間（商17Ⅲ・18Ⅱ）　　規定の趣旨は，営業上の債務が実質的に営業自体の債務であり，営業譲渡後は譲受人が本来の債務者であるべきであるから，譲渡人を早く法律関係から離脱させるのが適当であるということにある。2年後は，譲受人のみが責任を負う。

Ⅲ．営業上の債権（商17Ⅳ）　　営業上の債権は原則的に譲受人に移転するが，特約で除外されたり，譲渡人が二重譲渡して第三者が対抗要件を備える場合，債務者に二重弁済の危険が生じる。特に商号の続用がある場合，二重弁済の危険が大きいので，善意弁済者の保護を図っている。現営業主たる譲受人に弁済することは無理からぬことであるからである。

## 4．営業の賃貸借・営業の担保化

### （1）　営業の賃貸借

営業の賃貸借とは，商人がその営業（事業）の全部または一部を一括して他人に賃貸する契約をいう（賃貸借の目的が単なる物ではなく，有機的一体としての機能財産）。海上企業における定期傭船契約（商704）が典型である。

　賃借人にとっては企業の弾力的拡大に便宜であり，賃貸人にとっては企業施設を失うことなく一時安定した賃貸料を得る便宜がある。

　　＊**経営委任**　　経営委任とは，商人が他人にその営業（事業）の経営を委託する契約をいう（営業（事業）活動の主体が賃貸借と経営委任とでは異なる）。経営委任は，さらに経営管理契約と狭義の経営委任に分かれる。前者では営業（事業）の損益が委任者に帰属するのに対し，後者では受任者に帰属する。

　　＊**株式会社の場合**　　営業（事業）の賃貸借や経営委任は，企業合同の手段とされ，企業存続の基礎に大きな影響を与えるため，株式会社について営業（事業）譲渡と同じ規制に服する（会467Ⅰ④）。

### （2）　営業（事業）の担保化

営業（事業）自体として有する担保価値を十分に利用するには，営業（事業）全体を一括して担保権の目的となしうることが望ましいが，現行法上，営業（事業）の上に一個の質権または抵当権を設定することは一般には認められない。営業（事業）担保に近いものとして財団抵当，企業担保があるが事実上大企業しか利用できない。中小企業は譲渡担保によるほかない。在庫商品や営業用固定資産を一括して譲渡担保を設定するか個々の財産の上に質権・抵当権を設定する。これらは手続的に煩雑であるし営業全体として高められた価値を担保にできない。

　Ⅰ．財団抵当　　財団抵当は，鉄道抵当法，工場抵当法，鉱業抵当法などの特別法により認められるもので（9種類ある），企業に属する財産が一括して一個の物または不動産とみなされ，その上に抵当権を設定するものである。しかし，財団の組成要素が法定されているから（暖簾などの事実関係や流動資産が除外される），営業を一体として担保するものからはほど

遠い。

Ⅱ．企業担保　　企業担保は，会社の「総財産」をその発行した社債のための担保とするもので，その換価方法も一括競売または任意売却であり，営業（事業）担保に近い。しかし，被担保債権（社債）が限定され，優先的効力が弱い（無担保権者に優先するにとどまる）などの欠点を有する。

〈設　問〉───────────────────────────────

　　　　◇営業（事業）の意義についての諸説を検討しなさい。

　　　　◇営業所の意義とそれに付された効果について述べなさい。

　　　　◇営業（事業）譲渡の法的意義について述べなさい。

　　　　◇商法17条1項と2項（会22ⅠⅡ）の適用範囲について述べなさい。

# 第3章　商号－商人の物的施設━━━━その1

## 一　意　義

　商号とは，商人がその営業（事業）上，自己を表示するために用いる名称をいう。商号は，名称だから文字で発音できるものでなければならない。外国文字は登記できないので商号にできないとされてきたが，現在では登記できるようになった。商号は商人を表示するもので，営業自体を表示する記号や図形である営業標，商品を表示する記号や図形である商標とは区別される。最近の商号の付け方の傾向として，商標の商号化，商号のカタカナ化，CI（コーポレート・アイデンティティ──企業および営業活動に対する社会の認知）導入による商号変更などが見られる。

　**＊商号の効用**
　　Ⅰ．個人商人──代替わりのたびに店の名を変える不便がない。
　　Ⅱ．共同企業──取引のたびに共同経営者全員を連名で示す煩わしさを省く。
　　Ⅲ．会社（社名）──自然人と異なり氏名を持たない会社を一個の事業体として表す。

## 二　商号の選定・商人の便宜と取引相手方の保護との調整

### 1．商号選定の自由

　現行の日本の商法は商号自由主義を原則とする（商11Ⅰ：英米法の立場）。この立場は，商号を使用する商人（本人）の保護を優先するものである。これは従来の屋号を商号として保護する必要からとられた。明治期前は，庶民は氏姓を

持てなかったため，商人は（農民も），屋号（例えば，越後屋）で自己と他人を区別した。それに対して，商号真実主義は，商人の氏名，営業との一致を要求するものである（フランス法の立場）。この立場は，取引相手方の保護を優先するものであり，商号の譲渡や相続を許さない。折衷主義は，新たに商号を選定するにあたっては商人の氏名，営業との一致を要求するが，営業の相続，譲渡，変更にあたって，従来の商号を使用する場合には続用を認めるという立場である（ドイツ法の立場）。

## 2. 例　外

極端な自由主義は，取引の安全を損なうおそれがあるので，一定の制限がある。

① 会社の商号にはその種類に従い合名会社などの文字を用い（会6Ⅱ），銀行（銀行6Ⅰ），信託（信託業3Ⅰ），保険（保険業7Ⅰ。主たる保険事業の種類も）等の営業を営む会社は商号中にこれらの文字を用いることを要する。

② 会社でないものは，その名称中に会社であると誤認させるおそれのある文字を用いることができない（会7）。「合名商会」は使用できない（通説・判例）。会社と誤認するおそれがあるからである。また，会社はその商号中に，他の種類の会社であると誤認されるおそれのある文字を用いてはならない（会6Ⅲ）。

③ 他人の営業と誤認させる商号を使用できない（商12Ⅰ。なお，会社について会8Ⅰ）。他人が営業者であることを要せず，普通人——有名人——の氏・氏名でもよい。同条の不正の目的とは誤認させる意図をいう。すなわち，ある名称を自己の商号とすることによって，自己の営業をその名称によって表示される他人の営業（事業）であるかのように一般公衆に誤認させる意図をいう。

④ 名板貸人の責任（商14，会9）は，外観に信頼して取引した相手方を保護しようとするものであるが，間接的に商号真実の要請を示している。

　　　＊商法12条（会8）・不正競争防止法2条1項1号2号の関係　　　不正競争防

止法の規定は，広く認識される氏名・商号と同一・類似の商号を選定できないとする（著名商号についても同様とされる）。2つの規定は，いずれも他人の営業と誤認させる商号の使用の禁止を目的とする点では同趣旨である。

## 三　商号の数

### 1．会社の商号

会社の人格を表章する唯一の名称だから一個に限られる（会6 I）。会社が複数の事業を営んでいる場合であっても，複数の商号を持つことはできない（支店の所在地の付加については後述）。

> ＊**会社の種類と会社と誤認される文字**　　会社は，株式会社等その種類に従い商号中に株式会社等の文字を用いる必要があり（会6 II III），会社でない者は，名称または商号中に，会社と誤認されるおそれのある文字を用いてはならない（会7）。

### 2．個人商人の商号

個人商人は，各営業につき別個の商号を有することができる（商登28 II ②）。商号単一の原則とは，一個の営業につき一個の商号しか用いることができないというものであり，解釈上認められる（商法上，特に定めた規定はない）。一個の営業に複数の商号を認めると誰と取引しているのかについて一般公衆を誤認させやすいし，他人の商号選定の自由の妨げになるからである。なお，大決大正13・6・13民集3・7・280は，「各営業所につき別異の商号を有すること妨げず」とするが，各営業所の営業は同一営業の構成部分にすぎないから，各々の営業所につき全く異なる商号を用いることはできないと批判されている。

### 3．支店の事業

もしも，支店における事業の独自性を出したいのであれば，支店を示す文字を付した商号を用いることができる（例えば，A銀行B支店）。ただ，前述のように，商法上，会社以外では支店の文言は使用されない。

## 四　名 板 貸

　名板貸とは，広く名義を貸して営業をさせる場合をいう。看板貸，名義貸と
もいう。免許を要する取引所の仲買人が免許業者であることを示す名板を他人
に貸与し，他人が仲買営業をしたことに由来する。


### 1．商法14条（会社法 9 条）

　商法14条は，名板貸における名義貸与者の責任を定めている。これは外観を
信頼して（取引の相手方は名板貸人である，つまり名板借人は名板貸人の代理
人であると錯誤して）取引した者の保護を目的とする規定である。外観法理な
いし禁反言法理の現れである。平成16年改正法により，名板貸人は商人である
ことが必要となったが，非商人にも類推適用されると解すべきである。なお，
名板借人は名義を借りて営業をするのであるから，商人となる。会社について
も，商法14条と同様の規定がある（会 9 ）。


### 2．解釈上の問題点

　問題点の多くは，外観の保護，つまり取引安全の配慮という条文の立法趣旨
に鑑みて適用範囲の拡大を試みるものである。

①　相手方の誤認に重過失があるときは悪意と同視して保護されない（最判
　　昭和41・ 1 ・27民集20・ 1 ・111百選12）。誤認に過失があるときも保護される。

②　名義借人が名義貸人と同一の名称を使用する場合に限られない。借りた
　　名義に付加語（支店・出張所等）を付加して使用した場合にも適用がある
　　（最判昭和33・ 2 ・21民集12・ 2 ・282）。名義使用の承諾は黙示の承諾でもよい。
　　ただし，放置してはならないという社会的な作為義務がそのものに認めら
　　れるものでなければならない。単に知りながら阻止しなかったというだけ
　　では足りない。従来自己が同じ営業（事業）を行っていたとか，自己の事
　　務所の使用を許容しているとかの補強的な事情がある場合，第三者の誤認
　　の可能性との関連から黙示の許諾があったものと認められる。

＊**最判昭和42・2・9判時483・60**　Aがその自動車修理工場を廃止した後，
その廃止を取引先等に周知徹底させることなく，従前の工場責任者Bにその
ままの状態で同工場を賃貸したところ，BがA勝手にAの商号を使用して約束
手形を振り出した事案につき，黙示の許諾を認めた。

③　営業をなすための名義貸与以外の場合への類推適用

Ⅰ．名義借用者の商人性　　名板借人は営業（事業）を行うから本来商人で
　ある。そうすると適用が限られる。そこで，広く人が他人の商号を借りて
　（営業（事業）だけでなく）経済取引をなす場合に類推される。なお，あ
　くまでも名板借人の商人性を要求する見解もある。

Ⅱ．1回（数回）限りの取引に限定しての名義貸与にも類推適用される。

Ⅲ．手形行為のための名義貸与にも類推適用されるとする有力説がある。そ
　れに対し，最判昭和42・6・6判時487・56は，単に手形行為をすること
　は営業に含まれないのみならず，手形行為の本質からいって，甲名義で手
　形行為をしても乙が手形上の義務を負うものではなく，甲が乙と連帯して
　手形上の義務を負うこともあり得ないとして，商法14条の適用を否定した。
　これに対し，一般の表見法理により解決すべきであるとする見解もある。
　しかし，この場合にも，類推適用すべきであり，甲の名称は乙を表示する
　ものとして用いられているから，乙が責任を負い，甲の連帯責任を認めう
　ると解される。

④　名義の営業外使用

　最判昭和55・7・15判時982・144百選11は，名義の対象となった営業と同種
の営業に関連する手形行為に名義が使用されたことを根拠として類推適用を認
めた。営業に使用するため名義の貸与がなされたが，営業自体のためには使用
されず，手形行為についてのみ使用された事例である。

⑤　名板貸人の営業と名板借人の営業の同種性

　最判昭和43・6・13民集22・6・1171百選13（「現金屋」という商号で電気
器具の販売を営んでいた甲が食料品の販売を営む乙に商号の使用を許諾した事
案）は，特段の事情のない限り同種であることを要するとするが（本件では，

BはAの使用人であり，同一店舗を使用して営業していたので，相手方CはA
の営業と誤認するおそれが十分あったとして，特段の事情ありとして商法14条
の適用を認めた），これは相手方の重過失を判定する際の1つの資料になりう
るにすぎないと解すべきである。

### 3．効　　果

　商法14条（会9）の要件を満たす場合，名板貸人は，名板借人と連帯して取
引によって生じた債務について，弁済の責任を負わなければならない。取引自
体から生じた債務に限らず，取引に関連して生じた債務，例えば名義借人の債
務不履行による損害賠償債務，契約解除による原状回復義務も含まれる。不法
行為責任上の債務は含まれないが，詐欺による取引のような，取引に関連する
不法行為に基づく債務については，類推適用を認めうる。

　　＊**商法14条（会9）の類推適用（最判平成7・11・30民集49・9・2972百選14）**
　　　中学2年生の子供がスーパーマーケットの屋上にあるテナント店にすぎない
　　　ペットショップから買って家族で飼育していたインコがオウム病菌を保有し
　　　ていたため，家族全員がオウム病にかかり，母親が死亡した事案（スーパー
　　　マーケットからペットショップへの商号の使用許諾は明示にも黙示にもなか
　　　った）において，裁判所は，一般の買い物客がペットショップの経営主体は
　　　スーパーマーケットであると誤認するのもやむを得ないような外観が存在し
　　　たというべきであり，かつ，スーパーマーケットは商標の表示や出店および
　　　店舗使用の契約の締結などにより，右外観を作出しまたその作出に関与して
　　　いたのであるから，商法14条の類推適用により買い物客とペットショップと
　　　の取引に関して名板貸人と同様の責任を負わなければならないとした。

## 五　商号の登記

　商号は顧客吸引力を有し信用の標的となるので，商号の排他的使用（誰にも
じゃまされずに独占的に使用する）は商人の利益となる。商号と取引関係に入
る第三者にとって商号により表される相手方が誰であるかは重要である。また
第三者が商号を選定しようとするとき，その商号が既に他の者により同一の営

業（事業）で使用されているかはその第三者にとって重大関心事である。この商人の利益と第三者の利益の調整として商号を公示する制度が商号の登記である。

1．商号登記の手続

① 　会社は商号を登記しなければならない（会911Ⅲ②・914②）。

② 　個人商人は登記すると否とは自由である。旧商法では登記をすれば，商号に対する保護が強化されるものとされた（旧商20）。しかし，未登記商号も保護がなされているから（旧商12，不正競争2Ⅰ①・3・4），登記による利益は大きくなく，周知性のない商号について登記によって挙証責任の転換がなされるという利益を受けるにとどまるものとされた（旧商20Ⅱ）。旧商法21条により，他人に不正使用の目的があるとして同一商号の使用差止を請求するには，事の性質上，その商号が相当に周知のものであることを要し，また，不正競争防止法（平5改正）も広く認識される商号についてのみ保護しているからである。

　　　＊諸規定の経緯　　元々，旧商法20条で登記商号の排他的効力を定めていたところへ，昭和13年改正で12条が新設され，未登記商号も排他的効力を有すると解釈され，同年の不正競争防止法の改正により，営業の混同防止の規定が追加され，未登記商号の保護が認められた。したがって，旧商法20条2項の推定規定による立証責任の転換の利益が認められるにとどまった。しかし，昭和25年の不正競争防止法の改正により，不正競争の目的の要件が削除された。そこで，旧商法20条2項は，周知性のない商号についてのみ意味を有することになった。なお，平成5年の不正競争防止法では，周知商号については他人の営業と混同させる行為が不正競争となるのに対し（同2Ⅰ①），著名商号については冒用行為は混同を要件とすることなく不正競争となる（同2Ⅰ②）ため，同法適用上は，著名商号については営業の同種性は問題となり得ない。

③ 　手　　続

　　　商業登記法27～42条は，商業登記の手続について規定している。前述の

ように，会社の場合，設立登記において商号の登記を要し（会911Ⅲ②・914
②），商号登記簿への登記を要しない。

## 2．商号の仮登記（旧商登35・35の2）

　会社はその本店を移転しようとするときは，移転すべき地を管轄する登記所
に，商号の仮登記を申請することができた（旧商登35Ⅰ）。本店移転登記を知っ
た他人が，移転予定地でいち早く同一商号を登記して，本店移転登記を妨害す
ることにより，不正の利益を図るのを防止することを目的に昭和38年の商業登
記法制定の際に本条が設けられた。東京瓦斯事件を契機とする。会社がその商
号，目的または商号および目的を変更しようとするときは，本店の所在地を管
轄する登記所に，やはり商号の仮登記をすることができた（旧商登35Ⅰ）。

> ＊**東京瓦斯事件**（**最判昭和36・9・29民集15・8・2256旧百選13**）　　東京都
> 港区にあるX（東京瓦斯）が中央区に本店を移転しようとしたところ，これ
> を察知した中央区にあるY（新光電設）が社名を東京瓦斯と変更して登記を
> 済ませたので，Xは旧商法19条により本店移転登記ができなくなった。そこ
> でXはYに対し商号使用の禁止と登記の抹消を請求した。判決は，旧商法21
> 条（商12，会8）により請求を認めた。しかし，同条の「不正の目的」とは，
> 誤認させようとする意図をいうのに対し，本件では，不正な利益を得ようと
> する目的であり，同条を適用したのは不適当であると批判された。

　発起人または社員は，株式会社または有限会社を設立しようとするときは，
本店の所在地を管轄する登記所に，商号の仮登記を申請することができた（旧
商登35の2Ⅰ）。しかし，後述のように，同一商号は営業所（会社の場合は本店）
の所在場所と同一の場合，登記できないから，仮登記の制度は必要なく，した
がって，平成16年改正で削除された。

## 3．商号登記の効力

### （1）　同一商号の登記の排斥（旧商19）

　改正商業登記法は，商号登記は，その商号が他人の既に登記した商号と同一
であり，かつ，その営業所（会社の場合は本店）の所在場所が当該商人の商号

登記に係る営業所の所在場所と同一であるときは，することができないと定めるのみである（商登27）。しかし，旧商法19条は，他人が登記した商号は同一市町内において同一の営業のために登記することができないとして，同一市町村，同一営業のための登記を排斥していた。以下，参考のために，以前の議論を紹介する。

Ⅰ．判然区別できない商号を含む（旧商登27）　旧商法20条1項の「類似の商号」と同義と解される。取引上，混同誤認のおそれがあるか否かの基準により決定される。大決大正5・11・29民録22・239は，「新潟新聞」と「新潟新聞社」は判然区別できないとする。

Ⅱ．登記法上の効力　登記官はその登記申請を却下する義務を負う（定説）。たとえ先登記者の同意があっても登記できない（商登24⑬・27）。

Ⅲ．私法上の効力　登記官の過誤で誤登記されたとき，同一または判然区別できない商号の登記をしたものに対し，登記の抹消を請求する権利を認めたものかどうかについて説が分かれていた。通説は肯定していた。もしも旧商法19条が登記法上の効力だけを認めているとするならば，商業登記法27条がわざわざ同じことを定めるのは合理的ではないという。東京地判昭和59・5・30判時1120・123も旧商法19条は登記法上の効力のみならず私法上の効力をも併せ持っているとする。しかし，登記商号権者が同意すれば，登記が許されるはずでこれを認めないのは矛盾を示すものである。有力説は否定し，救済は旧商法20条の差止権によってなされ，登記の抹消を請求しうるとする。こちらが正当である。

＊会社の場合　会社に係る旧商法19条による規制は，廃止された（旧商登27も同様）。前述のように既に登記されている会社と同一の住所の会社は，行う営業のいかんにかかわらず，当該他の会社と同一の商号を登記できない（商登27）。

**（2）　同一または類似の商号の使用の禁止**（旧商20）

旧商法では，商号の登記をした者は，不正競争の目的をもって同一または類似の商号を使用する者に対して，その使用をやめるよう請求することができ，

損害賠償の請求をすることもできた（旧商20Ⅰ）が，改正法で廃止された。以下，参考のために，以前の議論を紹介する。

Ⅰ．不正競争の目的とは，自己の営業を他人の営業と混同誤認させこの者の顧客を奪う目的をいう。両者の営業の同種性が必要かどうかが問題となる。競争関係の存在が前提となっているから，必要と解すべきであるが，潜在的競争関係があれば足るとする説が有力である。

Ⅱ．同一または類似の商号とは，一般公衆に混同誤認させるおそれのある商号をいう。その判断は，一般取引上，商号全体の印象についてみて混同誤認のおそれがあるかどうかによることになる。

a．「日本ペイント製造合資会社」は「日本ペイント製造株式会社」と類似商号である（大判大正7・1・26民録24・161）。会社の種類の違いは類似性を認めるのに支障はない。

b．「豊橋十方社」は「田辺十方社」と類似商号である（大判大正9・5・24民録26・745）。商号の主要部分の略称・通称が世人をして商号の混同誤認を生じさせる場合には，類似商号に当たるとする。

c．「更科」と「更科信州家」（最判昭和40・3・18判タ175・115）
　　更科が商号の主要部分をなし，商号全体から受ける両者の印象は極めて類似するとして，類似商号に該当するとした。ここでは，取引の実際上も両者の営業の誤認が生じているとされた。文字・発音の面からの類似商号であるとされたものである。

d．「マンパワー・ジャパン株式会社」と「日本ウーマンパワー株式会社」は類似商号とされた（最判昭和58・10・7民集37・8・1082旧百選12）。不正競争防止法（1Ⅰ②）上，観念上の類似商号と判断されたものである。

Ⅲ．2項による挙証責任の転換　　同一市町村内において同一の営業のために他人の登記した商号を使用する者は，不正競争目的があるものと推定され，その者が不正競争目的の不存在を立証する必要がある。

　　＊「同一の営業」の意義（最判昭和50・7・10裁判所時報670・1）　　「マルベニ」（レストランと遊技場）と「有限会社中洲まるべに」（割烹店）は，洋

風と和風の違いはあっても，料理店という飲食店業としての営業は同一であるとした。現実の営業種目のみでなく，社会的見地から営業目的自体を対比し，その主要部分が同一であればよいとした。

## 六　商号権－商号使用権と商号専用権（商12，会8）

　商人（会社）は，その商号につき，消極的には他人によりその使用を妨げられない権利（商号使用権）と他人の不正使用を排斥する権利（商号専用権）を有し，両者をあわせて商号権という。前述のように，未登記商号の専用権については学説が分かれていたが，通説は，商法12条（会8），不正競争防止法によりこれを肯定しており，登記商号の効力を定めていた規定が削除されたことは，これを裏付けている。商法12条1項（会8I）は，何人も不正の目的をもって他の商人であると誤認されるおそれのある名称または商号を使用してはならないとし，同2項（会8II）は，1項に違反する名称または商号の使用によって営業上の利益を侵害され，または侵害されるおそれがある商人は，その営業上の利益を侵害する者または侵害するおそれのある者に対し，その侵害の停止または予防を請求できるとする（1項違反の場合の過料について商13，会978③）。

> **＊商号権の性質**　　登記の前後を問わず，氏名権と同様に人格権たる性質と財産権たる性質（商人の信用の標的となることにより経済的価値を有する）を併せ有する。

## 七　商号の譲渡（商15）

　商号権は財産的価値を有するから，他人に譲渡でき，これを商号の譲渡という。会社法には，この種の規定はない。

### 1．商法15条1項

　商人が営業を継続しながら商号だけを切り離して譲渡することを禁じる。これを認めると一般公衆を誤認させるおそれが多いからである。商号の背後にいる商人についての公衆の誤認を避ける趣旨である。

## 2．商法15条 2 項

　商号の二重譲渡など，民法177条と同種の法律関係に関する規定である。譲渡された商号でなされた取引から生ずる責任については商法 9 条（会908）の一般原則による。

## 八　商号の廃止・変更

　商人がその営業を廃止した場合，あるいは商号の使用を廃止しまたは変更した場合にはその商号権を失う。

① 　登記商号を廃止または変更したときは，商号の登記をしたものは遅滞なく廃止または変更の登記を申請しなければならない（商10，会909，商登29Ⅱ）。

② 　商号の登記をしたものが正当の理由なくして 2 年間商号を使用しないときは，当該商号の登記に係る営業所（会社の場合，本店）の所在場所において同一の商号を使用しようとする者は，登記所に対し，当該商号の登記の抹消を申請できる（商登33Ⅰ②）。

③ 　商号を廃止または変更したにもかかわらず登記したものが廃止・変更の登記をしないときは（放置されがちである），前記②の者は，同様にその登記の抹消を登記所に請求できる（商登33Ⅰ①③：営業所を移転したときも同様である→同④）。

〈設　問〉────────────────────────────────

　　　◇名板貸人の責任を定める商法14条（会 9 ）の適用範囲について述べなさい。

　　　◇商号に関する商法，会社法，不正競争防止法上の規制の変遷について述べなさい。

# 第4章　商業帳簿－商人の物的施設その2

## 一　総　説

商人は，営業財産および損益の状況を明確にする手段として商業帳簿を作成する。営業活動によって生じる現金や商品，売掛金や貸付金などの債権，あるいは買掛金や借入金などの債務の変動を金額で表して記録・計算・整理することを簿記というが，簿記の結果として作成されるものが商業帳簿である。

### 1．商業帳簿の目的（存在理由）

① 企業の維持

商業帳簿は，商人の活動の経過と成果を計数的に明らかにするものとして，科学的合理的経営に役立つ（商人自身の便宜）。

② 取引の安全

商業帳簿は，商人の支払能力，信用力を測るのに役立つ（取引相手方保護）。

③ 会社における社員の利益確保

会社において，商業帳簿は，出資者にとって利益配当，退社時の払い戻し，会社の解散・清算時の残余財産の分配の測定に役立つ。

④ 社会的責任の確保

商業帳簿は，企業としての社会的責任の履行を社会に対して明らかにする意味を持つ。

こうして，①の段階では，各商人に帳簿の処理を任せ，あえて法規制をする

必要はないが，特に②③により，商業帳簿は商法（会法）上の制度として作成・保存の義務が課されるにいたる。④は最近，意識されるようになった。このほか，商業帳簿は，課税の資料としても重要な意義を有している。

## 2．企業形態による商業帳簿に対する法規制の相違

　商業帳簿はその商人の企業規模・形態などによって作成の種類，範囲を異にする。機構が複雑になり，企業関係者間の利害調整の構造が変化するに従って次第に厳格さを加えている。

　①　個人商人

　　　小商人を除き（商7），商業帳簿作成義務を負うが（商19Ⅱ），その違反に対する制裁は定めていない（原則）。破産の場合は別である。

　②　持分会社

　　　商業帳簿の不記載および不実記載について過料の制裁が課せられる（会976⑦）。これは人的無限責任を負う社員の存在と相互の信頼関係が強いことを考慮したものである。会社計算規則による規制も一部ある。

　③　株式会社

　　　さらに株式会社において会社の計算につき厳格な規制がなされている（会431～465・976⑦，会社計算規則のほとんど）。出資者が多数でしかもそれが経営者と分離しており，かつ出資者は企業債権者に対しなんらの責任を負わないことを考慮した。

## 3．昭和49年改正法の概要

　従前の商法の規定は，いわゆる財産法原理を採用し，企業会計の理論・慣行（損益法原理を採用）と遊離していたので，昭和49年に物的会社（昭和37年に改正）を除く商人についても，企業会計の理論・慣行と一致させることを目指して重要な改正が行われた。主な改正点は，次の通りである。

　①　商業帳簿の作成の目的はすべての商人の営業上の財産および損益の状況を明らかにすることであると明確にした（改正前商32Ⅰ）。

② 会計処理の仕方として，期間収益力（一定期間にいくら儲けたか）を表示することを目指す損益法原理を採用した。それに対して，財産法原理とは，期末における財産有高の表示を目指すものである。損益法原理の採用は次の点に表れている。

Ⅰ. 財産目録を廃止した。つまり商業帳簿からはずした。

Ⅱ. 貸借対照表の作成について誘導法（会計帳簿から貸借対照表を作成）を採用した（改正前商33Ⅱ）。従来は棚卸法（財産目録法）を採用していた。

Ⅲ. 財産評価について原価主義（←時価主義）を採用した。

③ 商業帳簿の作成に関する規定の解釈については，公正なる会計慣行を斟酌しなければならない（改正前商32Ⅱ）との包括規定を設けた（現行法は商19Ⅰ，商施規4Ⅱ）。

  *財産法　昭和49年改正前は，財産法原理が採用されていた。すなわち，商人の営業用財産の総目録である財産目録が棚卸しにより作成され（個別的に価格を付ける），貸借対照表が財産目録を前提に作成された（棚卸法）。各財産に対する価額は時価以下主義により付けられた。要するに，財産法は企業の解体を前提とした会計処理である。そこにおける商業帳簿は，債権者保護のため商人（会社）がどれだけの財産を有しているかを明らかにするものであった。それに対し，損益法は，企業の存続を前提とし，投資者保護の観点から商人（会社）の収益力を明らかにすることを重視するものである。

## 二　商業帳簿の意義

商人がその営業のために使用する財産の状況を明らかにするために，商法上，作成を命じられている帳簿を商業帳簿という（商19Ⅱ）。なお，会社については，会計帳簿や計算書類について別の規定があるから（会431〜・614〜），それらの規定に従う。

Ⅰ. 商人でない者（協同組合や相互保険会社）が作成する帳簿は商業帳簿でない。

Ⅱ. 商法上の義務として作成する帳簿であっても，株主名簿，議事録なども商業帳簿ではない。営業報告は文書により営業の概況を示すもので，商業

帳簿ではない。一方，株式会社に作成義務を課せられている損益計算書（会435Ⅱ）は，企業の経理内容を明らかにし，その経営成績を知るうえで必要なものであるとして，商業帳簿に属するとする見解が有力であった。計算書類の附属明細書（会435Ⅱ）も同様であった。商業帳簿か否かが問題とされるのは，商業帳簿には特殊の義務や罰則などの効果が結びつけられているからである（商19Ⅲ，会423Ⅱ・976⑦，破374〜376）。したがって，一般的には商業帳簿をあまり広く解すべきではないといえる。

Ⅲ．現行法上，商人一般に対して作成を命じている商業帳簿は，会計帳簿，貸借対照表の2種類である（商19Ⅱ）。

## 三　商業帳簿に関する義務

### 1．商業帳簿の作成義務（商19Ⅱ，会432Ⅰ）

① 小商人を除くすべての商人は，商業帳簿を作成すべき義務を負う。様式に関しては，法務省令で定めている（商施規4〜8）。

> **＊電磁的記録**　平成13年商法改正により，商人は会計帳簿または貸借対照表を電磁的記録により作成できるようになった（旧商33ノ2Ⅰ）。電磁的記録とは，電子的方式，磁気的方式その他，人の知覚によって認識することのできない方式で作られる記録であって，電子計算機による情報処理の用に供されるものとして法務省令に定めるものをいう（同条，会26Ⅱ）。改正商法でも商業帳簿は，書面または電磁的記録をもって作成または保存することができるとされる（商施規4Ⅲ）。

② 商業帳簿の作成と会計慣行　商法19条2項，法務省令など計算書類の作成に関する規定はあるが，会計に関する事項を細目にわたりすべて法定することはできず，また具体的な問題の処理については，法令に明文の規定を見出しえないことが多い。そこで，商法19条1項は「商人の会計は一般に公正妥当と認められる会計の慣行に従うものとする」とした（商施規4Ⅱも同じ）。なお，上場会社については，内閣府令（財務諸表規則）がさらに詳しく規定している。

Ⅰ．これにより法規の解釈が公正な会計慣行を無視して行われるのが防止される。公正な会計慣行があるときは，その会計慣行に従って解釈しなければならない。明文規定のない場合も，公正な会計慣行に従って作成しなければならない。けだし，この規定は商業帳簿作成の指針を示す包括規定であり，限定的に商法規定のある場合に限る必要はないからである。

Ⅱ．何が公正妥当であるかは，営業上の財産および損益の状況を明らかにするという，商業帳簿作成の目的に照らして判断される。特に会社においては，企業会計原則（企業会計実務の中に慣習として発達したものの中から，公正妥当と認められたものを要約したもの。昭和24年に経済安定本部企業会計制度対策調査会が定めた──現在は企業会計審議会が作成する）に従うときは一応妥当と推定される。

**＊企業会計原則**　企業会計原則は，わが国の企業会計制度の改善統一を図り，公認会計士による財務諸表監査の基準を示すため，アメリカの会計制度に範をとって，中間報告の形式で設定公表されたものであり，その後，企業会計審議会で修正が加えられ現在に至っている。なお，世界的趨勢として，会計基準設定はプライベート・セクターが行いつつあり，わが国でも財務会計基準委員会が設立され，企業会計審議会に代わる役割を担っている。

Ⅲ．企業会計原則は，会計帳簿については比較的簡略である。その意味で商業帳簿に関する諸問題は，企業会計原則のみで解決できるものではなく，会計技術の進歩に応じて形成される公正妥当な会計慣行によらざるを得ない。

## 2．商業帳簿等の保存義務（商19Ⅲ，会432Ⅱ）

商人は，10年間，商業帳簿およびその営業に関する重要書類を保存しなければならない（商19Ⅲ）。この義務は，後日，紛争が生じた場合の証拠の保全のために認められたものである。10年間の期間は，帳簿閉鎖（決算締切）の時を起算点とする（商19Ⅲ）。営業に関する重要書類も10年間保存しなければならない。

３．商業帳簿の提出義務（商19Ⅳ，会434）

　裁判所は，申立によりまたは職権をもって，訴訟の当事者に商業帳簿または
その一部分の提出を命じることができる（商19Ⅳ，会434）。この義務は，商業帳
簿の一般的信頼性から認められた。次の点で，民事訴訟法219条以下に対する
特則となる。

　①　当事者の申立による場合の他，職権によってその提出を命じうる。
　②　民事訴訟法220条の定める要件を要しないでその提出を命じうる。

　しかし，商業帳簿だからといって訴訟上特別の法定証拠力があるわけでなく，
自由心証主義の一般原則（民訴247）による（大判昭和17・9・8法律新聞4799・10旧
百選25）。しかし，実際上，強い証拠力を有するといえる。

４．商業帳簿に関する義務違反

　以上の義務は，公法上の義務ではあるが，会社を除き格別の制裁はない（例
外として商人が破産したときがある）。

## 四　会計帳簿

１．意　　義

　会計帳簿とは，商法や商法施行規則に定義規定はないが，商人が一定の時期
における営業上の財産およびその価額等を記載する商業帳簿をいう。貸借対照
表作成の基礎となる（誘導法）。従来（昭和49年改正前），これらの帳簿は日記帳
と呼ばれていた。しかし，日記帳・仕訳帳，仕入帳・売上帳と呼ばれるものす
べてが含まれるので，昭和49年改正に際し，会計帳簿という表現に変えた。

２．記載事項

　会計帳簿には，営業上のすべての財産およびその価額等を記載する。

３．記載方法

　会計帳簿の記載方法については，法務省令に委ねられている（商19Ⅱ）。そこ

に定められていない事項の記載方法は簿記・会計の慣行に委ねられる（商19Ⅰ，商施規4Ⅱ）。公正なる会計慣行として採用されている複式簿記の帳簿組織によれば，主要簿として日記帳・仕訳帳またはこれに代わる伝票・元帳があり，補助簿として仕入帳・売上帳・手形記入帳がある。なお，日々の取引を記帳した日記帳を作成する企業は，現在，まずない。仕訳帳には，開業ないし期首の総財産がまず記載され，ついでそれ以降の取引その他，営業上の財産に影響を及ぼすすべての事項がその発生の順序に従って記載される。元帳は，仕訳帳によって仕訳された勘定に従って各別に記載された帳簿である。これらすべてが会計帳簿に含まれる。

　　＊**複式簿記とは**　　各物的勘定（現金・商品・手形など）を設け，ある勘定の借方への記入は他の貸方に記入するやり方で，すべての取引が借方・貸方に分解記入され，勘定一切の借方・貸方の合計を一致させ（貸借平均の原理），各勘定・残高を元帳にまとめる方法をいう。

## 五　財産の評価

　会計帳簿の財産の価額をいかなる標準によって定めるべきか。過大評価をすれば，収益力の過大表示により一般公衆の信用を誤り，株主への蛸配当の結果，資本充実を害する。過小評価すれば，秘密準備金を生み，期間損益計算の不正確を招くことになる。したがって，適正な評価基準により客観的に評価することが必要である。

### 1. 緒　　説

　一般に財産の評価に関する基本的立場には，Ⅰ. 原価主義（取得原価を基準），Ⅱ. 時価主義（市場価額を基準），Ⅲ. 低価主義（原価と時価の低い方の価額を基準），Ⅳ. 時価以下主義（時価を最高限度・旧商法34条1項後段）がある。

　Ⅰは含み益（または損）すなわち簿価と時価の差額を生む。Ⅱは営業活動と関係ないインフレによる評価益を計上する欠点がある。Ⅲは評価基準の一貫性を欠くと批判される。Ⅳは原価が時価を超えているときは時価により，時価が

原価を超えているときは，時価または原価のいずれかを付ける。Ⅰが見積り，予測という不確実な要素がなく，営業損益の算定に適合し，現在の企業会計の支配的考え方である。法務省令（商法施行規則）は，会計帳簿に記載または記録する資産評価の原則について次のように定めている（基本的に原価主義を採用）。なお，会社については，会社法および法務省令（会社計算規則）の定めるところによる（基本的に原価主義を採用）。

## 2．流動資産

　ここでいう流動資産とは，商品，製品，半製品，原材料など棚卸資産（決算期から1年以内に現金化または費用化する資産）と呼ばれるものをいう。なお，流動資産には，棚卸資産のほか，当座資産があり，これには現金，受取手形，売掛金，短期保有の有価証券などがある。

　流動資産の評価について，商法は，会社と同様原価主義を採用している（商施規5Ⅰ）。

　　＊**強制低価主義**　　商品の著しい損傷や流行遅れなどにより，時価が原価より著しく低く，原価まで回復する見込みがない場合，時価を付ける（商施規5Ⅲ①）。また，営業年度の末日において予測することができない減損が生じた資産または減損損失を認識すべき資産についてはその時の取得原価から相当の減額をした額を付ける（商施規5Ⅲ②：固定資産，金銭債権についても同じ）。

なお，現金・預金は評価の余地なく，債権は別の基準による。

　　＊**時価主義**　　平成11年の商法改正により，株式会社・有限会社に関しては，市場価格のある金融資産（金銭債権，社債その他の債券，株式等）について，時価主義の採用を認めた（改正前商施規28・30Ⅱ・31Ⅱ・32Ⅱ）。金融資産の運用についての経営者の成果を正確に示すためであるという（会計規5Ⅵ②）。

## 3．固定資産

　固定資産とは，土地，建物，設備などをいう。1年以上，継続して企業内にとどまって使用される資産をいう。企業会計原則および注解によると，固定資産は，有形固定資産，無形固定資産および投資資産に分けられる。固定資産の評価についても，原価主義を原則とする（商施規5Ⅰ，会計規5Ⅰ）。固定資産は性質上，売却を予定しない資産であり，時価の高低により評価損益の計上を認めるべきものでない。毎年，相当の償却をしなければならない（商施規5Ⅱ，会計規5Ⅱ）。償却とは，当該資産の種類に応じてその耐用年数にわたって一定の方法で計画的，規則的に価額を減少させることをいう。つまり，固定資産の減損額を一定の計算方式により見積もり，毎事業年度にこれを損失として計上するとともに，その繰越価額を減少することによる（定額法・定率法などがある）。ただし，土地は償却を行わない。なお，予測することができない減損が生じたときは，相当の減額をしなければならない（商施規5Ⅲ②，会計規5Ⅳ②）。

## 4．金銭債権

　売掛金，受取手形，立替金，貸付金等，金銭債権の評価については，取得原価すなわち，額面主義を原則とする（商施規5Ⅰ）。そして取立不能見込額を控除する（商施規5Ⅳ）。しかし，多数の債権中，どれが取立不能となるかは明らかでないので，通常，企業は貸借対照表上に「貸倒引当金」勘定を設け処理している。なお，会社については，会社法，法務省令（会社計算規則）に特別の規定が置かれているが，商法と同じである（会計規5Ⅰ・Ⅴ）。

## 5．のれん

　有償で譲り受けた場合に限り，資産または負債として計上することができる（商施規5Ⅵ。なお会社については，会計規11）。

## 六　貸借対照表

### 1. 意　義

　貸借対照表とは，一定の時期における商人の総財産を資産（借方）と負債（貸方）の両部に分けて記載し，現に有する財産額と有すべき財産額を対照して，商人の財産の状態を示す商業帳簿をいう。一定の時期における財産の構成状態を明らかにするものである（営業の静態を示す）。賃借対照表は，会計帳簿を基礎に作成される（誘導法←棚卸法）。

　貸借対照表によっても期間収益力（いくら儲けたか，損したか）の表示は可能だが，損益計算書の方がより適正に測定できる。貸借対照表における純利益は，取引活動の結果変動した資産，負債および純資産（資本）の有り高に基づく結果計算であり，一方，損益計算書におけるそれは損益発生原因である取引活動そのものに基づく原因計算である（売上高〔収益〕－費用＝利益）。

### 2. 作成の時期および種類

　Ⅰ. 通常貸借対照表　これは開業時および毎年一回一定の時期（原則として1年の営業年度の末日の翌日）に作成するものである（商施規7）。営業の存続を前提とする（株式会社については，会435，会計規57〜）。

　Ⅱ. 非常貸借対照表　これは合併，清算，破産等の場合に作成するものである。営業の解体を前提とし，したがって時価主義による（棚卸法を採用）。

### 3. 作成の形式

　貸借対照表の作成の形式については，法務省令（商法施行規則）で定める（ただし，株式会社では別の法務省令（会社計算規則），上場会社には財務諸表規則がある）。したがって，公正妥当な会計慣行によることになる（商19Ⅰ，会431・613）。それによれば，a. 真実性の原則（原則第一の一），b. 明瞭性の原則（原則第一の四），c. 継続性の原則（原則第一の五）が認められると考えられる。aは内容が真実であること，bは記載が整然かつ明瞭であること，

c は同一の作成様式，評価方法が毎期継続して採用されることを意味する。

> **＊勘定式と報告式**　作成の形式については，勘定式と報告式があり，そのい
> ずれをとってもよい。前者は左右両欄に分けて左側に資産，右側に負債，純
> 資産（資本）を表示する。後者は資産・負債の順に掲記し，その差額を純財
> 産（資本）として表示する（以上，商施規 8 Ⅰ，会計規 4 Ⅰ・73 Ⅰ）。

### 4．記載すべき財産

一定の時期における商人の一切の営業財産（積極，消極財産の両方を含む）
を記載する。その際，営業年度末の各財産を種類別の勘定項目（当座預金，売
掛金，土地，建物等）により一括してそれぞれの価額を付して記載する（商施
規 8 Ⅱ，会計規 4 Ⅰ・73 Ⅱ）。

> **＊様式**　流動性配列法（←固定性配列法）が主流である。これは資産は現金
> に近いものから，負債は早く返済しなければならないものから順に並べる方
> 法である。

**＊貸借対照表の概念図**

| 資産の部（借方） | 負債の部（貸方） |
|---|---|
| 流動資産（現金・商品・債権）<br>有形固定資産（土地・建物）<br>無形固定資産（特許権）<br>投資資産（長期有価証券） | 流動負債（支払手形・買掛金）<br>固定負債（社債・長期借入金）<br>特定引当金 |
| | 純資産の部 |

資産の部では，企業に投下されている資金がどのような形態で運用されてい
るかを示すのに対し，この投下資金がどのようにして調達されたかを示すのが
純資産の部と負債の部である。つまり，貸借対照表はある一定時点において企
業に投下されている資金を運用形態と調達源泉の二側面から把握したものであ
る。

〈設　問〉────────────────────────────

　　　◇商業帳簿に対する法規制の発展について述べなさい。

　　　◇「公正なる会計慣行」の商法（会社）上の意義について述べなさい。

　　　◇財産評価の諸方法を検討しなさい。現行商法および会社法はどのよ

　　　　うな立場をとっているか。

# 第5章　商業使用人－商人の＝＝＝＝ 人的施設その1

## 一　総　説

### 1．一般的説明

① 企業規模の拡大に伴い，商人は，自分ですべての営業活動をすることは不可能であり，補充的に他人の労力を利用する。そうでなくても，合理的，効率的な企業経営を行うために補助を受けることが有益な場合もある。

　　**＊商人の補助者**　　商人の補助者としては，①特定の商人に従属して（企業内で）これを補助する者（商業使用人）と，②独立の商人として他の商人を（企業外から）補助する者（代理商・仲立人・問屋・運送取扱人・運送人）とがある。商業使用人は代理商と同様，特定の商人のためにその企業活動を補助するものである（会社を含む商人の人的施設として商法および会社法の総則編に規定される）のに対して，それ以外の者は，不特定多数人のためにその企業活動を補助する（その営業活動に着目し，商行為編に規定する）。

② **規制の必要性**　　商人が営業活動について代理人を用いるときに，個々の行為ごとに代理権を与えるなら煩雑であり，相手方もいちいち代理権の有無や範囲を調査することが必要となり，取引の円滑と確実が害される。そこで，ある商人の営業について包括的に代理権を持った代理人を置くことができるとする制度が商法上，認められている。これが商業使用人の制度である。

　　**＊会社の場合**　　前述のように，会社の使用人については，商法総則に相当する規定が会社法において設けられた（会10〜15）。

### 2．意　義

商業使用人とは，雇用契約により，特定の商人（営業主）に従属し，かつその対外的な商業上の業務を補助する者である。

#### （1）　商人への従属

営業主と商業使用人との間には，通常，雇用関係が存在する。家族・友人は商業使用人に入らない（ただし，類推適用される）。代表取締役・代表執行役のように会社の機関として営業を行う者も使用人ではない。

#### （2）　営業上の代理権

商業使用人は，商人の対外的業務を代理する権限を持つ（商23，会12以外は営業上の代理権に関する規定）。対内的業務のみを行う技師・工員・簿記係・パソコン入力者は商業使用人に含まれない。営業上の代理権を持たないからである。

#### （3）　商業使用人の種類

商法は，商業使用人の代理権の範囲によって商業使用人を，営業に関する一切の包括的代理権を持つ支配人，ある種類または特定の事項について代理権を持つ高級使用人（部課長），物品販売店舗の使用人に分けて規定している。

## 二　支　配　人

### 1．意義（商21，会11）

支配人とは，営業主に代わって営業に関する一切の行為をなす権限，すなわち包括的代理権（支配権）を与えられた商業使用人をいう。支店長，店長，マネージャーなど名称は問わない。内部的な支配権の授与が決定的である。

　　＊**支配人と表見支配人**　営業に関する一切の代理権ではなく，多少範囲が狭い代理権を与えられた支店長という名称を有する商業使用人は，包括的代理権を制限された支配人なのか（商21Ⅲ），表見支配人（商24）なのか，判断が容易でない。区別の実益は大きくないが，支配人であれば選任や代理権消滅は登記事項とされ，会社の支配人選任には慎重な手続を要求される。通説によれば，とにかく授権行為の内容調査が必要である。そこで，本店または支店の営業の主任者である商業使用人は商法上当然の支配人であるとする少数説がある。しかし，これによれば営業所があれば支配人選任が強制され商

法24条の適用が稀となる（法規定の均衡を失する）。商法上の商業使用人の種類は代理権の範囲の広狭によるから，支配人かどうかもやはり包括的代理権を有するかによって区別すべきである。そこで，代理権の質的制限と量的制限を区別し，包括的な代理権の実質を損なわない程度の制限を加えるにすぎないときは支配人の選任といえる。質的制限とは，ある種の権限のすべてを制限する場合（裁判上の権限を一切奪う，一切の人事権を与えないなど）であり，量的制限とは，一定金額を超える取引や借入を制限したり，取引の種類を制限する場合である。


## 2．選任および退任

### （1）選　任

支配人は，営業主たる商人またはその代理人が選任する（商20，会10）。会社においては，代表機関が選任するが，内部関係において慎重な手続を必要とする（例えば，株式会社では取締役（会）の決議が必要とされる→会社法348条3項1号，362条4項3号）。

### （2）退任事由

営業主と支配人の関係は，代理権の授与を伴う委任契約的要素を含んだ雇用関係であるから，支配人は，民法（雇用・委任）の一般原則のほか，営業の廃止・会社の解散によって退任する。なお，営業主の死亡の場合は退任しない（商506）。

### （3）登　記（商22）

選任・退任の登記は，支配人をおいた営業所の所在地でする（商登1の3・43）。個人商人の場合，支配人登記簿（商登6④）に，会社の場合，会社登記簿（商登44Ⅰ）にする。

　＊**会社の場合**　支配人の登記については，本店の登記簿において，支配人とその支配人が代理権を有する本店または支店を登記する（商登43・44）。支店における登記の効力に関する規定（改正前商40）は，削除された。

## 3．支配人の代理権（商21 I・会11 I）――支配権

### （1） 包括的代理権

支配人は，商人に代わって，商号または営業所により個別化された特定の営業に関する（営業の目的行為と営業のためにする行為を含む）一切の裁判上または裁判外の行為についての代理権を有する（商21 I，会11 I）。他の使用人の選解任権も有する（商21 II，会11 II）。支配人は他の支配人を当然には選任できない。営業に関する行為は，営業の存続を前提とするので，営業の廃止，譲渡，合併などのような営業自体の処分に関する行為は支配人の権限に属しない。

### （2） 客観的・抽象的判断

ある行為が支配人の権限に属するかは客観的・抽象的に判断される。すなわち，支配人個人の主観的事情に左右されない（取引安全の要請）。最判昭和54・5・1判時931・112百選25は，信用金庫支店長が負債を返済する資金を得るため自己宛小切手を振り出した行為について（代理権の濫用の場合），「営業に関する行為」に含まれるとして営業主の責任を認めた。

> ＊**代理権の濫用について相手方が悪意の場合**　　悪意者の保護は必要ないので，営業主は責任を負わない。その場合，民法93条但書の類推適用によるか（無効となる：心裡留保説――判例），権利濫用による主張制限か（有効ではあるが主張できない：権利濫用説――学説）争いがある。判例では，相手方に過失があるにすぎないときも保護されない。

### （3） 不可制限性（商21 III，会11 III）

支配人の権限は包括的，定型的に法定され，制限を加えても善意の第三者に対抗できない。

### （4） 共同支配人

代理権の誤用・濫用を防止する措置として共同支配人の制度があったが，平成17年の商法改正で廃止された。共同支配人制度を利用する場合，第三者保護のために登記が要求されていたが，勿論これもない。

## 4. 支配人の義務

支配人と営業主との権利義務関係は専ら雇用契約により定まるが，商法は，支配人の忠実な勤務を確保し，かつ支配人が営業主の営業について知り得た機密を悪用するのを防ぐため，特別に支配人に営業禁止義務および競業避止義務を課した（商23）。前者は，支配人の特徴で，精力の分散を防止し，営業主の営業に専念させるためであり，後者は，営業について知り得た機密を利用し，営業主を犠牲にして自己もしくは第三者の利益を図ることを防止するためである。義務違反の場合，営業主は損害賠償を請求でき，支配人を解任できる。

> **＊介入権の行使**　　改正前商法では，支配人がこの義務に違反した場合，損害は得べかりし利益の喪失という消極的なもので損害額の立証が困難なのを回避し，得意先を維持するために営業主に介入権が認められていたが，廃止された。なお，支配人が商人の許可を得ずに自己または第三者のためにその商人の営業の部類に属する取引をしたときは，当該行為によって支配人または第三者が得た利益の額は，商人に生じた損害の額と推定される（商23Ⅱ）。

> **＊会社の場合**　　会社の支配人についても，個人商人の支配人と同様の義務を負う（会12）。

## 三　表見支配人（商24，会13）

営業所（会社の本店または支店）の営業（事業）の主任者であるような名称を付けられた使用人は，外観上，その営業所におけるすべての取引について代理権を有すると考えるのが当然であり，そのような外観に対して信頼した者を保護する制度が「表見支配人」である。民法の表見代理の制度だけでは不十分と考え（反復継続的な企業取引を十分規制できない），商法で特に定めたものである。昭和13年改正で，表見代表取締役（会356Ⅰ①）と同時に導入された。

商法24条（会13）の適用要件として，①外観の存在，つまり支配人の名称の使用，②営業主の帰責性，つまり営業主による名称の付与，③相手方の保護事由，つまり善意（但書参照）が必要である。

## 1. 営業所

判例・通説は，営業所（会社の本店または支店）の実質を備えるものであることを要すると解し，かつ営業所の実質を備えている限り，その名称は問題でなく，出張所・営業所・支社・支部などでもよいとする。

　**＊営業所の実質**　最判昭和37・5・1民集16・5・1031百選23では，Y生命保険相互会社大阪中央支社は営業所の実質を備えていないとされ，商法24条の適用を否定された。一方，最判昭和39・3・10民集18・3・458では，Y会社高知出張所は営業所である以上，名称が出張所でもよく，出張所長も表見支配人であるとされた。

それに対して，支店または支社という名称を付した事業所あるいは支店の外観がある事業所も含まれるとして，「営業所」についての外観ないし表示を信頼する者も保護しようとする説もある（外観保護の徹底を図る考え方）。しかし，それでは支配人としての外観に対する信頼を保護するものといえなくなるので行き過ぎである。

## 2. 営業所の主任者たるべき名称

支配人のほか，支店長・支社長・営業所長・出張所長・本店営業部長などがこれに当たる。要するに，営業所（本店または支店）の首長を意味する名称であればよい。しかし，支店長代理は，主任者がいることが予定されているから，当たらない。営業所長代理も同じである（最判昭和59・3・29判時1135・125百選24）。

## 3. 表見支配人の権限の範囲

営業に関する行為すべてを含む（裁判上の行為を除き支配人と同じ）。営業そのものに限らず，営業のために必要な行為を含む。権限内の行為かどうかは，行為の性質・種類等を勘案し，客観的・抽象的に観察して決する（前記最判昭和54・5・1参照）。

## 四　その他の商業使用人

### 1．高級使用人（従来の番頭・手代）

　高級使用人とは，営業に関するある種類または特定の事項（販売・仕入・貸付など）について包括的な委任を受けた商業使用人をいう（今日の部長・課長・係長・主任）。

　これらは，部分的ながら不可制限的な包括的代理権を有する（商25・会14）。民法の代理権とは異なる。高級使用人は手形振出権限もあるのが普通である。

　　＊**商法25条（会14）と使用人の代理権の範囲**　　高級使用人の包括的権限は，対外的に法律行為を行う代理権であると解するのが多数の下級審判例・学説であるが，取引の勧誘，契約条件の交渉事務など，事実の委任（準委任）でも足りるとする見解も有力である。この点につき，最判平成 2・2・22裁判集民159・169百選26参照。

　高級使用人には，支配人の不作為義務（商23，会12），表見支配人（商24，会13）の規定の類推適用を認めるべきである。なお，高級使用人（およびその他の使用人）の選任または解任は，営業主のほか支配人もなすことができる（商21Ⅱ，会11Ⅱ）。

### 2．その他の使用人

　その他の使用人は，個別に取引のために必要な代理権が与えられなければならない。

　　＊**物品販売店舗等の使用人の例外（商26，会15）**　　店舗に販売のために現存する物品を現実に販売する場合に関する規定で，物品の販売権限があるものとして，最小限度の取引安全を図ったものである（外観に対する信頼保護）。販売に限らず貸借（レンタルショップの使用人が店内で行う貸借契約など）や請負（DPEショップ）にも適用される。

## 3. 外 務 員

　証券外務員（証券会社の従業員で営業所以外の場所で投資家に接し，投資助
言，投資勧誘をし，証券取引の注文や金銭の支払を受ける者：金融商品取引法
64条）には，一定範囲の代理権が認められている（金商64Ⅰ）。これにより，外
務員の行為の効果を証券会社に帰属させ，顧客が証券会社に契約上の責任を追
及できる。保険外務員については代理権が認められるかどうか争いがあるが，
生命保険外務員は受動的代理権を，損害保険外務員は契約締結権など能動的代
理権を認めるべきである。

〈設　問〉────────────────────────────────────

　　　　◇支配人の代理権の制限について述べなさい。

　　　　◇支店長が遊興費を得るためなした借金について支店は責任を負うか。

　　　　◇営業所（本店または支店）の外観を有するにとどまる支店の主任者
　　　　　は表見支配人たりうるか。

# 第6章　代理商－商人の人的 施設その2

## 一　代理商の意義と機能

### 1．意義（商27，会16）

　代理商とは，使用人ではなく，特定の企業（商人・本人）のために，継続的に（平常）その営業の部類に属する取引（営業目的たる取引）の代理または媒介をすることを業とする者で，代理をする者を締約代理商，媒介をする者を媒介代理商という。それに対して，民事代理商とは，非商人のため代理または媒介をなすものをいう。

#### （1）　締約代理商

　締約代理商は，代理商契約の実行行為として本人の名で（代理人として）第三者と契約を締結し，成立した契約について本人から手数料を受ける。

#### （2）　媒介代理商

　媒介代理商は，本人と第三者との契約成立のための事実行為（調査・折衝・紹介）をし（いわゆる周旋を行うこと），成立した契約について本人から手数料を受ける。

> **＊商人性**　締約代理商は商法502条12号の行為（代理），媒介代理商は商法502条11号の行為（仲立）を業とする独立の商人である（商4Ⅰ）。
>
> **＊代理商と商業使用人**　前者は特定商人と委託関係に立ち，企業外部にあって補助する独立の商人であるのに対し，後者は特定商人に従属した企業内部の補助者である。両者は実際上，区別が困難であるが，報酬が手数料か固定給か，営業所の所有関係，営業費の負担を誰がするかを基準として判断する

ほかない。

＊**代理店と代理商**（**大判昭和15・3・12法律新聞4556・7**）　代理店という
名称をつけた者が必ずしも代理商とは限らない。代理店とは，企業が販売網
など営業活動の範囲を拡張するため利用する1つの組織の総称である。代理
店には，①特約店（自己の名と計算で販売する），②問屋（継続的な取次行
為を行う），③締約代理商（損保代理店等），④媒介代理商（生保代理店等）
がある。

## 2．機　　能

　活動地域の拡大，取引量の増加を図るためには，支店・出張所の開設や使用
人の派遣の方法もあるが，土地の事情に通じ，信用もある者を代理商にして取
引高に応じて手数料を払う方が効率的である。商人は，結果についての危険を
負担しなくてよい。また，企業規模の伸縮について弾力性がある。そこで，多
数の契約者を広い範囲から求める必要のある，海上運送業・保険業・物品販売
業などで代理商が広く利用されている。損害保険代理店が典型である。代理商
は，19世紀後半の商業の地域的拡大に伴い発生した。近年，大企業の営業活動
は広域化し，国内全域のみならず，海外に及んでおり，代理商の役割も増大し
ている。

## 二　代理商の権利義務

　代理商契約は，締約代理商の場合には，本人から取引の代理という法律行為
の委託を受けるから委任（民643）に，媒介代理商の場合には，本人から取引の
媒介という法律行為でない事務を受けるから準委任（民656）に当たる。

### 1．代理商と本人の関係

　代理商は本人に対して受任者としての権利義務を有する。したがって，代理
商は代理または媒介を善良なる管理者の注意をもってなすことを要する（民644）。
さらに，商法が特に定める代理商の権利義務として次のものがある。代理商の
業務の特質を考慮したものである（なお，商人として報酬請求権（商512）を有

する）。

### （1）　留置権（商31，会20）

代理商は，取引の代理または媒介をしたことによって生じた債権が弁済期にあるときは，その弁済を受けるまで，本人（会社）のために占有する物または有価証券を留置することができる。別段の意思表示があるときはこの限りでない（商31）。代理商に認められる留置権は，代理商の業務の特質と，代理商と本人（会社）との継続的な法律関係を考慮したものである。代理商の留置権は，次のような特徴を有する。

Ⅰ．商事留置権（商521）と同様，担保される債権が留置の目的物に関して生じたこと（牽連性）を要しない（民事留置権（民295）と異なる）。

Ⅱ．商事留置権と異なり，企業者本人との商行為によって自己の占有に帰したのでなくても，また企業者（商人・会社）の所有物でなくても留置できる。

### （2）　通知義務（商27，会16）

代理商が取引の代理または媒介をしたときは，遅滞なく本人（会社）に対し通知しなければならない（商27，会16）。通知は，本人（会社）の請求を待たず，かつ委任の終了に関係なくしなければならない。この通知義務は，委任における受任者の報告義務（民645・656）では不十分なため設けられた。

### （3）　競業避止義務（商28，会17）

例えば，A保険会社の代理店がB保険会社の代理店あるいは取締役・無限責任社員となることはできない。支配人（商23，会12）のように営業一般が禁じられてはいない。代理商は独立の商人であるから，禁止の範囲が競業に限定される。立法の趣旨が専ら代理商が本人の営業に関して知り得た知識を利用し，本人の犠牲で自己または第三者の利益を図るのを防止しようとすることにある。

## 2．代理商と第三者との関係

代理商の代理権は，代理商契約の内容によって定まる。一般的にいえば，①締約代理商は，委任された行為をするために客観的に必要と認められる範囲の

代理権を有し，②媒介代理商は，特に代理権を与えられない限り，代理権を有しない。

 ＊**商法29条（会18）** 物品の販売またはその媒介の委託を受けた代理商は，売買の履行に関する通知を受ける権限を有する。しかし，この規定は，買主の便宜のための例外的規定にすぎない。したがって，代金の受領，売買契約の無効・取消の通知の受領権限はない。立法論としてはもっと代理商の権限を明確にし，媒介代理商についても一定の範囲で相手方の意思表示を受ける権限（受動代理権）を認めることが必要である。例えば，保険代理商が保険契約の解除事由となる重要な事実（保険28Ⅰ・55Ⅰ）を保険契約者から告知されたにもかかわらず，保険会社に伝わらないような場合，保険代理商が保険契約者の意思表示を受ける権限がないとして，保険契約者の告知義務違反が問われかねないなどの問題がある。

### 3．代理商関係の終了

#### （1）　**存続期間の定めがないとき**（商30Ⅰ，会19Ⅰ）

営業主（会社）・代理商ともに存続期間の定めがないとき，2カ月前に予告して代理商契約を解除できる（←民651Ⅰ）。代理商関係の継続的性質を考慮したものである。

#### （2）　**やむを得ない事情があるとき**（商30Ⅱ，会19Ⅱ）

やむを得ない事情があるときは，代理商契約を直ちに解約告知できる。解約告知により，将来に向かってのみ契約の効力を失わせる。やむを得ない事情とは，代理商の不誠実（競業避止義務違反等），本人（営業主・会社）の重要な債務不履行（報酬支払義務の不履行）など，契約を継続することが社会通念上著しく不当と認められる事由をいう。

#### （3）　**そ の 他**

委任の一般的終了原因，つまり代理商の死亡・破産・後見開始の審判，本人の破産（民653）により終了する。ただ，本人の死亡の場合は終了しない（商506）。本人（営業主・会社）の廃業によっても終了する。代理商契約は本人の営業を前提とするからである。

〈設　問〉────────────────────────────

　◇代理商と商業使用人，取次商，仲立人との異同について説明しなさ
　い。

# 第7章　商業登記−商人のための━━━ の公示制度

## 一　総　説

　商業登記とは，商法・会社法の規定により，商業登記簿になす登記をいう。商業登記簿には，商号登記簿，未成年者登記簿，支配人登記簿，株式会社登記簿など9種あり，登記所に備え置かれている。

> **＊もっとも一般的な公示方法である商業登記の公示的機能（一般公衆に知らせる役割）**　　①商人自身の利益（商人の信用を維持し，公示した事項は第三者も知っているはずだということで，第三者への対抗の手段となる），②取引の相手方ないしは広く一般公衆の利益（外部からは分からない事項が公示されれば好都合である。例えば，商人自身の営業能力，商業使用人の代理権の範囲，会社の代表機関，商人の資力等）。商業登記の制度は両者の利益を満たすために，商人に関する一定事項を広く公示する必要上認められたものである。しかし，実際には取引ごとに登記簿を閲覧することは相当に面倒であるから，商業登記制度の公示的機能は必ずしも十分なものではない（商業登記制度の限界）。

## 二　商業登記事項

　営業（事業）上の取引関係者の利益を保護するために必要な事項が登記事項とされる。具体的には，商法および会社法に規定されている。なお，公示される事項が増えれば，対抗される事項も増え，第三者にとってかえって不利益となることにもなり，また商人の営業秘密を保持するうえでマイナスになる。

## 1．登記事項の分類

### （1）　絶対的登記事項と任意的（相対的）登記事項

これは登記の強制による分類であり，前者は商人が必ず登記しなければならないものであり，後者は登記するかどうか自由なものである。多くは前者であり，後者として個人商人の商号がある。懈怠の場合の制裁は会社を除いてない。対抗できない不利益があるのみとされる（商9，会908）。

### （2）　創設的登記事項と免責的登記事項

これは登記の効果による分類である。前者は，事実・法律関係が創られたことを登記するもので，支配人の選任，会社の設立・合併などがあり，後者は，登記によって関係当事者の責任を免れさせるもので，社員の退社・支配人の解任などがある。商業登記がその効力を発揮するのは後者である。すなわち，商業登記は，免責事項が発生しているにもかかわらず，第三者が不測の損害を受けることを回避するためその事項を公示することに意義がある。

## 2．登記事項の通則

### （1）　商法8条

商法総則の規定により登記すべき事項は，当事者の申請により，商業登記法の定めるところに従い，商業登記簿にこれを登記する。

> ＊**会社の場合**　　会社についても，商法8条と同様の規定が置かれている（会907）。なお，会社の支店において登記すべき事項は，①会社の商号，②本店の所在地，③当該支店の所在地に限るものとされたが，後に削除された。

### （2）　商法10条（会915）

登記事項に変更・消滅を生じたときは，その登記を要する。任意的（相対的）登記事項にも適用される（商登29Ⅱ）。

## 三　商業登記の手続

### 1．商業登記の申請・管轄

商業登記は，登記所に備えられた商業登記簿に登記事項を記入することによ

って行われる。

**（1）　当事者申請主義**（商 8・10, 商登14, 会907）

　登記は当事者（一般には商人自身）の申請または裁判所書記官の嘱託に基づき登記官によってなされるのが原則である。

**（2）　官庁の嘱託**（商登14・15）

　官庁の嘱託によって，登記がなされる場合がある。

**（3）　登記官の職権により行われる場合**（商登72）

　休眠会社のみなし解散の登記の場合（会472Ⅰ本文）である。

**（4）　管轄登記所**（商登 1 の 3）

　申請者の営業所の所在地の法務局，地方法務局，支局，出張所とされている。一部の事項については，電磁的記録による提出も認められている（商登19の 2）。


## ２．登記官の申請事項についての審査権

　登記の申請が適法かどうかについて，登記官はどこまで審査する権限があるか。この点について，「申請が商法，有限会社法または本章の規定に適合しないときは，登記所は申請を却下する」との旧非訟事件手続法151条の下で，①形式的審査主義（申請事項が登記事項か，登記所の管轄に属するか，申請書および添付書類が法定の形式を具備するかなど，形式的な点についてのみ審査の権限を有する）と，②実質的審査主義（申請事項が真実かどうかの実質的な点についても審査の権限を有する）が従来対立していた。判例（大決昭和 8・7・31民集12・19・1968等）は，①の立場をとった。

　現在の商業登記法（昭38）は，①の立場に立っていると思われる（最判昭和61・11・4 裁判集民149・89）。登記官の調査事項を列挙した24条各号の大部分は形式的なものであるからである。このように形式的審査権に限ったのは，登記手続の遅延を防ぎ，できる限り迅速に登記が行われるようにするためである。

　　**＊商業登記法24条10号**　　形式的審査主義によると，無効原因については明白な場合に限り，疑義のあるときは一応登記を変更し，有効・無効は関係者の後の争訟に委ねるべきであり，取消原因については，取り消されるまでは有

効であるから，取消判決があるまでは登記を受け付けるべきことになる。

＊**最判昭和60・2・21判時1149・91（改正前商法19条に違反する登記申請が受理され登記が完了したときと審査請求の許否）**　同判決は，登記官による職権抹消事由があることを理由とする場合を除き，商業登記法142条の審査請求により登記の抹消を請求することはできないとする。これは，従来からの通説・判例・実務を肯定したものである。登記官には実体調査権が法律上付与されていない以上，職権による抹消事由は，申請書等や登記の記載から明確に判断できる場合に限定されるというのが根底にある思想である。

## 四　商業登記の公示

商業登記の制度目的からして公示は不可欠である。

### 1．一般的公示方法

公告（旧商11）であるが，臨時特例として（第2次大戦中，用紙不足と事務簡素化のため）当分の間行わないものとされていた（法務局及び地方法務局設置に伴う関係法律の整理等に関する法律附則9条：かつては官報および新聞紙によった）。登記のときに公告もあったものとして扱うものとされた。現在でも，公告されないことによる不便はなく，実際的意義に乏しいので，平成17年改正により，公告に関する商法の規定も削除された。

### 2．個別的公示方法

#### （1）　登記事項証明書の交付（商登10）

誰でも登記簿に記録されている事項を証明した書面の交付を請求できる。登記の附属書類についても利害関係のある部分に限り閲覧することができる（商登11の2）。

#### （2）　登記事項概要記載書面の交付（商登11）

誰でも登記簿に記録されている事項の概要を記載した書面の交付を請求できる。

＊**電子情報処理組織による登記**　　昭和63年の改正により，一部の登記所（指
定登記所）では，コンピュータによる商業登記事務の取扱がなされるように
なった。現在，登記簿は，コンピュータに記録した登記ファイルによって編
成される（商登1の2Ⅰ）。公示の方法も，登記簿の閲覧から登記事項証明
書，登記事項の概要を記載した書面を交付する方法に変わっている（商登
10・11）。なお，平成12年には，電子処理された登記情報のインターネット
による提供制度も運用を開始した。

## 五　商業登記の効力

### 1．一般的効力（商9Ⅰ，会908Ⅰ）

　商法9条1項（会908Ⅰ）は，商業登記の公示的作用の中の一般的効力（確保
的効力，宣言的効力）を規定している。つまり，商業登記の制度が本来目的と
するところを定めている。同条は，一般的効力（商業登記のすべてに通じる効
力）に関して，登記前と登記後とを分けて規定している。

### （1）　消極的公示力——登記前

　登記事項は，その登記・公告（当分の間行わない）前は悪意の第三者には対
抗できるが，善意の第三者に対抗することはできない。善意・悪意は取引時を
基準とする。例えば，支配人の地位を奪い平社員にした場合，その支配人の消
滅登記をしておかないと営業主はその支配人のなした取引を否定することがで
きない。

　＊**創設的登記事項の未登記**　　会社の商号変更や代表取締役の就任など，創設
的登記事項の登記未了の間に新商号や新代表取締役名で会社のために法律行
為や手形行為がなされた場合には，商法9条1項（会908Ⅰ）の適用の問題
ではない。適用するとかえって9条1項の立法趣旨を逸脱することになるか
らである。仮に適用があるとしても，新商号・新代表者を相手にした者は，
その事実を知って取引したのであって悪意であるから，同条前段の要件を欠
く。最判昭和35・4・14民集14・5・833は，株式会社近江屋洋服店が株式
会社近江屋商店に商号を変更し，同時にYが代表取締役に就任したが，未登
記の間にAに手形を振り出し，現在の所持人Xが振出名義である株式会社近
江屋商店は存在しないとしてY個人に請求した事案である。最高裁は，両会

社は実質を同じくして存在し，Yはその代表取締役であったのであるから，
Xは会社に対し手形上の責任を問うべきであり，Yの責任を問うべき場合で
はないとした（代表した者の無権代理人の責任（民117）は問えない）。

## （2）　積極的公示力──登記後

　登記・公告の後は，善意の第三者に対しても，登記事項をもって対抗できる。
すなわち，実際上，登記を知らなくても，知ったものと擬制される。通説は，
ここに商業登記の効力の特色があるとみる。ただ，登記・公告後でも第三者が
正当の事由によりこれを知らなかった場合には，このような第三者の悪意を擬
制することは許されない（商9 I 後段，会908 I 後段）。

> ＊正当な事由　　交通途絶，新聞・官報の不到達など客観的事情によってその
> 登記事項を知ろうとしても知ることができない事情をいう。この場合にも悪
> 意擬制をするのは不当だからである。取引しようとする者の主観的事情（病
> 気・海外旅行等）による場合は除かれる。なお，最判昭和52・12・23判時
> 880・78百選7参照。

> ＊商法9条1項（会908 I）と外観保護規定の関係　　例えば，営業主がある
> 支配人を解任し，直ちにその登記をした場合，その解任された者と取引をし
> た第三者が営業主に対しその取引の成立を主張してきたとしても，営業主は
> 支配人の解任を理由にその取引を否定することができる。この場合，第三者
> は民法112条や商法24条により，取引の成立を主張できないか。この点，判
> 例は，民法112条との関係では，登記後は商法9条のみの適用を受け，民法
> の適用の余地はないとし（最判昭和49・3・22民集28・2・368百選6），一
> 方，商法・会社法の外観保護規定（商24，会354・421）との関係では，商法
> 9条1項よりこれらの規定を優先させて考える（最判昭和43・12・24民集
> 22・13・3349）。これは例外説と呼ばれるもので，論理的一貫性を欠くと批
> 判されている。一方，正当事由弾力化説は，登記に優越する外観が存在する
> 場合，正当事由に該当すると考える。商法9条1項（会908 I）と24条・会
> 社法354条・421条の関係は，登記という外観と名称使用という外観のいずれ
> を優先させるかの問題であり，より強力な外観である後者を優先させるべき
> であり，それは正当事由に該当すると解する。それに対し，異次元説は次の
> ように主張する。商法9条は，未登記の登記義務者を不利に扱うことによっ
> て，登記義務が励行され，登記制度が機能することを狙いとするものであっ

ても，登記済の登記義務者に第三者の悪意を常に主張しうる利益を与えるためのものではない。商法9条は，公示主義に則る規定であり，外観主義による一連の規定とは次元を異にし，両者は矛盾しない。登記前に制限されていた善意の第三者に対する対抗力が登記により制限が解かれ，登記後は原則に復帰して対抗できるようになるにすぎない（非登記事項は事実をもって善意の第三者に対抗できる）。だから，登記後でも外観保護規定の適用はある（ただ，登記簿を見なかったことは過失認定に関わる）とする。

**（3）　適用範囲**

　商法9条（会908）が適用されるのは，典型的には取引行為の場合である。取引行為のほか，多数説は，訴訟行為について（登記簿の記載に従って第三者が会社の旧代表者を訴えるケース）適用を肯定するが，判例（最判昭和43・11・1民集22・12・2402百選5）は反対である。すなわち，民事訴訟において，会社の代表者を定めるについては商法9条（会908）の適用はないとする。その他，不当利得や不法行為について問題となる。なお，最判昭和29・10・15民集8・10・1898百選4は，商法9条（会908）は第三者相互間において適用がないとする。

## 2．特殊的効力

### ①　創設的効力

商業登記によって新たな法律関係を創設する効力である。

Ⅰ．効力発生　　例えば，登記が会社の設立（会49・579）の効力要件となっている。

Ⅱ．対抗力　　商号の譲渡は登記により対抗力を生じる（商15Ⅱ）。

これらの効果は登記により当然に発生し，登記前には事実を知る者に対してもその効力発生を主張できず，登記後はすべての第三者にこれを主張できる。

### （2）　補完的効力

　登記により瑕疵を主張できなくなり，瑕疵が補完されたと同一の効果を生じさせる効力をいう。例えば，会社法51条2項や102条4項がそうである。

**（3）　その他の付随的効力**

　商業登記によりある行為が許容され，または免責の基礎となる効力である。例えば，持分会社の社員が退社の登記のときから2年を経過すると社員としての責任を免れるなどがある（会612）。


## 3．不実登記の効力（商9Ⅱ，会908Ⅱ）

　登記は，本来，一定事実の存在を前提になされる。存在しない事項について登記があっても，その登記について効力を生じないはずである。しかし，それでは登記を信頼した第三者は，不利益を被り取引の安全は害される。商業登記の効用も薄れてしまう。そこで，商法9条2項（会908Ⅱ）は，「故意または過失によって不実の事項を登記した者は，その事項が不実であることをもって善意の第三者に対抗することができない」と定める。例えば，A株式会社の代表取締役Bが取締役でないCを故意に代表取締役として登記した場合，その登記を信頼してCと取引したDは，本条により保護される。ここで，CがA会社の約束手形をDに振り出した場合でも，A会社はDの支払請求に対し，Cは代表取締役でないとして支払を拒絶することはできない。本条の趣旨および適用要件は次の通りである。

①　本条は，登記・公告に対する公衆の信頼保護を目的とする。つまり，不実の登記を真実と信じて取引した第三者の保護をするものである。権利外観法理または禁反言の原則に基づく規定である。

②　本条は，登記申請者の故意・過失を要件とする。すべての不実登記に適用されるわけではない。例えば，A会社の代表取締役の死亡後，同社の取締役Bが勝手に自分が代表取締役に選任されたとの登記を行って，BがA会社を代表して同社所有の不動産を第三者Cに譲渡した場合，CによるA会社に対する不動産の所有権確認請求は認められない。ただ，現になされている不実登記をいたずらに放置した場合には，本条の類推適用がありうる（最判昭和55・9・11判時983・116）。

③　故意・過失により不実の登記の出現に加功したものに対しても適用があ

る（登記申請者に限られない）。これは自己について不実の登記の存する
ものと，その登記に信頼したものとの間の利益較量によって導かれた結論
である（後述の昭和47年最高裁判決参照）。

④　商法 9 条 2 項（会908Ⅱ）で保護される第三者は，登記が不実であること
について善意でなければならないが，善意である限り，知らなかったこと
に過失・重過失があってもかまわない。

　　＊登記簿上のみの取締役の対第三者責任　　最判昭和47・ 6 ・15民集26・ 5 ・
　　984百選 8 は，取締役への就任登記に承諾を与えておれば，不実の登記の出
　　現に加功した者であり，商法 9 条 2 項の類推適用により，その者は自己が取
　　締役でないことを善意の第三者に対抗できず，その結果として会社法429条
　　の取締役の責任を免れえないとする。しかし，会社法429条は，取締役とし
　　ての職務を有する者の会社に対する任務懈怠による対第三者責任を定めたも
　　のである。したがって，取締役への就任を承諾し，現実に会社経営をしてき
　　た，いわゆる事実上の取締役にのみ責任を認めるべきである。

　　＊退任登記未了の元取締役と会社法429条　　最判昭和62・ 4 ・16判時1248・
　　127は，不実登記について明示的な承諾を要求している（最判昭和63・ 1 ・
　　26金法1196・26旧百選10も同じ）。このように，最高裁は，取締役辞任の事
　　案について，取締役選任の事案よりも要件をやや厳格に解している。


〈設　問〉────────────────────────────
　　　◇商業登記の登記官の登記事項についての審査権の範囲について述べ
　　　なさい。
　　　◇商法 9 条 1 項（会13）と外観保護規定の関係について述べなさい。
　　　◇登記簿上のみの取締役は会社倒産について第三者に対し責任を負う
　　　か。

# ■第3編■

# 商行為法

# 第1章　商行為の意義と種類━━━

《商行為法の体系と商行為》　商行為法は，商人の企業取引すなわち商行為を規制する法である（企業取引法）。しかし，商法典第2編「商行為」は，企業取引法の全体ではなく，その一部を定めているにすぎないものである。第1章は，商行為の類型の内容について定めた後，その商行為一般に適用される（民法に対する）特則を定めている。第2章は，企業取引の典型たる「商事売買」について民法に対する特則を定めている。第3章は，企業取引の特殊な決済手段である「交互計算」について定めている。第4章は，企業主体（営業者：商人）と出資者（匿名組合員）の契約による企業組織である「匿名組合」について，営業者と匿名組合員の関係および匿名組合員の対外関係を定めている。なお，交互計算と匿名組合は，企業組織法に属するともいえる。第5章以下は，営業としてなされる個別の企業取引（仲立・問屋・運送取扱・運送・倉庫・寄託・保険）について定めているが，本書では保険については説明の対象としていない。

　商法は，その適用範囲を定めるため，企業主体に相当する商人という概念と，企業取引に相当する商行為という概念の2つの概念を定め，それを基礎に諸規定を秩序付けている。その定め方には，基本的には，客観主義（商事法主義）と主観主義（商人法主義）の2つがある。つまり，前者は，商行為概念をまず定め，そこから商人概念を導く方法である。一方，後者は，商人概念から商行為概念を導く方法である。歴史的には，前者が先に採用され（1807年のフランス商法典が最初のもの），後に（1800年代後期）後者が採用されるようになった。日本商法は，その折衷主義を採用している。つまり，明治32年の新商法で

は，ドイツ普通商法典に倣い，客観主義を採用していたが，昭和13年の商法改正により，主観主義を一部採用するに至った（本書10〜11頁参照）。

## 一　商行為の意義

　商行為には，絶対的商行為（商501等），営業的商行為（商502等），会社の行為（会5），附属的商行為（商503）がある。絶対的商行為とは，行為の性質から当然に商行為となる行為である。この場合，商人でない者が1回限りで行っても商行為となる。営業的商行為は，営業としてなされるとき初めて商行為になる行為である。附属的商行為は，会社を含む商人が営業のためにする行為である。
　絶対的商行為と営業的商行為は，商人概念の基礎となるので，基本的商行為と呼ばれ，附属的商行為は，商人概念から導き出されるものとして，補助的商行為と呼ばれる。

## 二　絶対的商行為

　絶対的商行為は，商人でない者が1回限り行っても商行為とされる。次の行為が絶対的商行為とされる。

### 1．投機購買とその実行行為（商501①）

　安価に目的物である動産，不動産または有価証券を取得した後に，これを高価に譲渡してその差額を利得する行為をいう。取得行為を投機購買，譲渡行為を実行行為という。安く買って高く売るという行為，例えば，商店，デパート，スーパーマーケットなどの小売業者の行為が典型的な行為であるといえる。
　投機購買に関し，原始生産によって取得したものを譲渡する行為は含まれない。例えば，農家が生育した野菜を販売する行為は，商行為ではない。漁業者が採取した魚介類を販売する行為も，商行為ではない。
　実行行為に関し，取得した物をそのままの形で譲渡する必要はなく，その間に製造加工をして譲渡してもよい。例えば，原料を購入して，それに加工を行い製品とし，販売する行為は，絶対的商行為である（大判昭和4・9・28民集8・

769百選27)。製造業の行為は，ほとんどこの範疇にはいる。

### 2．投機売却とその実行行為（商501②）

　高価に目的物である動産または有価証券を譲渡する約束をしておき，後に安価に取得してその履行に充て，その差額を利得する行為をいう。譲渡を約束する行為を投機売却，取得行為を実行行為という。相場の下落を期待し，それを投機の対象とする行為である。

　この行為の目的物は，動産または有価証券に限られる。すなわち，個性のある不動産は，先に売却しておき，後に取得して履行するのに適さないとして，除外されている。

### 3．取引所においてする取引（商501③）

　この行為は，取引所における売買の技術性，定型性，大量性および極度の資本主義的性格から，絶対的商行為とされている。

　取引所には，商品取引所と証券取引所がある。そこで取引できる者は，会員たる商人に限られる。取引所における取引は，他人から委託を受けてなす場合は，問屋の附属的商行為，自己の計算でなす場合には，投機売買となり，既に商行為である。

### 4．手形その他の商業証券に関する行為（商501④）

　手形というのは，為替手形・約束手形・小切手をいい，その他の商業証券とは，株券，運送証券，倉庫証券などを指す。商業証券に関する行為とは，証券の発行，裏書，引受などの証券上の行為のことである。最判昭和36・11・24民集15・10・2536旧百選34は，白地補充権授与行為は，商法504条4号の「手形に関する行為」に準じるものとする。

### 5．担保附社債信託法の規定する商行為（旧担信3）

　信託の引受とは，社債発行会社の委託によって同法の信託を引き受ける行為

をいうが，社債総額の引受（旧担信28②）と同様，絶対的商行為から削除された。

## 三　営業的商行為

　営業的商行為とは，営利の目的で継続的になされるときに初めて商行為となる行為をいう。絶対的商行為に比べて，営利性がやや弱いことから，反復して行われることによってのみ商行為となる。商人でない者が個々的に行っても商行為とはならない。ただし，専ら賃金を得る目的で物を製造しまたは労務に服する者の行為は商行為とならない（商502但）。例えば，手内職者の行為は，あまりにも小規模で商行為とするまでもない。その者は，商人とならず，商法の適用外となる。商法は，次の行為を営業的商行為としている。

### 1．投機貸借とその実行行為（商502①）

　ここでは，物の利用が投機の目的となっている（投機購買の場合は，所有権自体の転換が投機の目的となっている）。先行する行為は，有償取得のほか賃借でも足りる。目的物は動産または不動産に限られる。つまり，有価証券の用語はなく，含まれないことになる。貸家営業，貸衣装，レンタカー，レンタル・DVDなどの業者の行為がこれに当たる。

### 2．他人のための製造または加工（商502②）

　他人から材料の給付を受け，または他人の計算において材料を買い入れ，これに製造または加工することを引き受け，これに対して報酬を受けることを約束する行為である。製造とは，材料を全く異なる物とすることをいい，加工とは，物の同一性を失わない程度で材料に変更を加えることをいう。クリーニング，紡績，酒類醸造，染色などの業者の行為がこれに当たる。

### 3．電気またはガスの供給（商502③）

　電気またはガスの継続的給付を約束する行為をいう。水の供給は含まれないが，不均衡な結果といえる。

## 4．運送（商502④）

　運送とは，物（物品運送）または人（旅客運送）を一定の場所から他の場所に移動させることを引き受ける行為をいう（商569Ⅰ参照）。陸上，海上，空中を問わない。運送の目的物が運送人の保管に属することが必要であり，したがって，曳船は含まれない。運送業者の行為がこれに当たる。市営地下鉄による運送であっても商行為に当たる。

## 5．作業または労務の請負（商502⑤）

　作業の請負とは，不動産上の工事を請け負うことをいい，鉄道敷設，家屋建設，整地などがこれに当たる。労務の請負とは，作業員その他の労働者の供給を請け負う行為をいい，労働者派遣業がこれに当たる。かつて，労働者供給事業は，労働大臣の許可を受けた無料のものに限られていたが（職安44・45），最近は，規制緩和が進んでいる。

## 6．出版，印刷または撮影（商502⑥）

　出版とは，文書・図画を複製して頒布する行為をいう。印刷とは，機械力または化学力による文書・図画の複製を引き受ける行為をいう。撮影とは，写真の撮影を引き受ける行為をいう（写真店）。なお，信用状態の調査・報告を引き受ける興信所（会社であるのであえて商行為とする必要はないが，帝国データバンクや東京商工リサーチなども），ニュースの供給を引き受ける通信社などの行為が含まれないのは，立法の不備といえる。

## 7．客の来集を目的とする場屋の取引（商502⑦）

　公衆の来集に適する物的・人的設備をなして，これを利用させる行為をいう。ホテル，レストラン，劇場，遊園地などが典型的である。

　　**＊理髪業と場屋取引**　　大判昭和12・11・26民集16・1681は，理髪業は場屋の取引ではなく，理髪業を譲渡した場合には，譲渡人は競業避止義務を負わないとする。理髪業者の行為は，請負または労務の提供に関する契約であって，

設備の利用を目的とする契約が存しないから，場屋営業に当たらないというが，多数説はこれに反対している。

## 8．両替その他の銀行取引（商502⑧）

　金銭または有価証券の転換を媒介する行為をいう。両替商や，受信・与信の両行為をなす金融業者（銀行）の行為がこれに当たる。受信行為を伴わず自己の資金を貸し付ける貸金業者（ノンバンク・サラ金）や質屋営業者の金銭貸付行為は，含まれない（利息制限法，出資法の適用は受ける）。最判昭和30・9・27民集9・10・1444，最判昭和50・6・27判時785・100百選28は，貸金業者や質屋営業者の金員貸付行為は，商法502条8号の銀行取引に当たらないとした。

## 9．保険（商502⑨）⇒保険法（平成20年）成立

　保険者が保険契約者から対価を受けて保険を引き受ける行為をいう。保険とは，同質の経済上の危険の下にある多数人が出捐して財産を形成し，その一員に事故の発生により経済上の需要が生じたとき，その財産によりその需要を満たすための制度である。保険営業者の行為である営利保険を意味し，相互保険や社会保険を含まない。生命保険と損害保険の両方を含む。かつては両者を兼業することができなかったが，最近は相互乗り入れが進んでいる。

## 10．寄託の引受け（商502⑩）

　他人のために物の保管を引き受ける行為をいう。倉庫営業者の行為やトランクルームがこれに当たる。混蔵寄託であってもよい。また，消費寄託（民666）も含まれる。

## 11．仲立または取次（商502⑪）

　仲立に関する行為とは，他人間の法律行為の媒介を引き受ける行為をいう。商法上の仲立人，民事仲立人（不動産売買の周旋や結婚の媒介等），媒介代理店の行為がこれに当たる。取次に関する行為とは，自己の名をもって他人の計

算で法律行為をなすことを引き受ける行為をいう。つまり，権利義務の帰属主
体は自己であるが，経済的効果は他人に帰属するのが取次である。問屋（商551），
運送取扱人（商559），準問屋（商558）の行為がこれに当たる。

## 12. 商行為の代理の引受け（商502⑫）

委託者（本人）のために商行為となる行為の代理を引き受ける行為をいう。
損害保険代理店のような締約代理商の行為がこれに当たる。

## 13. 信託の引受け（商502⑬）

信託の引受を営業としてするときは商行為となる。信託とは，財産権の移転
やその他の処分を行い，受託者に一定の目的に従い財産の管理または処分を行
わせることをいう（信託1）。このような財産の管理や処分を引き受ける行為が
信託の引受である。

なお，無尽の管理もかつて営業的商行為として無尽業法という特別法により，
営業的商行為とされていた（現無尽2Ⅱは，営業としてなす無尽は無尽業とみ
なすとする）。無尽とは，物品無尽，すなわち一定の口数と給付金額を定めた
うえで，定期的に掛け金を払い込ませ，一口ごとに抽選や入札等の方法で，掛
金者に金銭以外の給付をなすもの，または無尽類似の方法で金銭以外の物品を
給付するものをいう（無尽1。金銭を給付する金銭無尽は，従来，頼母子講と
呼ばれ，相互銀行の独占業務となったが，後に第二地方銀行となり廃止された）。
しかし，このような営業ができる者は，株式会社に限られるから（信託業5Ⅱ①，
無尽3），商行為とする意味は実際上ないので，営業としてなす無尽は商行為で
はなくなった。

　　＊**日本住宅無尽株式会社**　　同社は，大正2年創業の無尽会社であり，日本で
　　唯一現存する無尽会社である。

## 四　附属的商行為（商503）

これは営業のための手段的行為であるから，商法は，これにも商行為の通則

的規定（商511・514・522等）を適用する必要があるとして，これを商行為とした（商503 I）。附属的商行為は，商人概念を前提に導かれる。

　営業のためといっても，狭く解すべきではなく，商品や店舗を保険に付したり，資金を借り入れるような営業を補助する行為や，客のために金銭を立て替えたり，得意先へ贈与をするような営業を有利に導くための行為も附属的商行為に含まれる。最判昭和30・9・29民集9・10・1484では，商人が締結する雇用契約についても，営業のためにするものと推定され，附属的商行為とされた。なお，開業準備行為や営業の後始末のための行為でも附属的商行為になりうる。

　個人商人では，営業以外の活動があるため，個々の行為が営業のためになされるものかどうか明らかでないことがある。そこで，商法503条2項は，取引の安全を図るため，商人の行為はその営業のためにするものと推定している。なお，会社がその事業としてする行為およびその事業のためにする行為は商行為とされる（会5）。

　　＊準商行為　　かつてはいわゆる民事会社の行為には商行為に関する規定を準用するという規定があったが，会社法5条の制定に伴い，平成17年改正により削除された。しかし，民事会社以外の擬制商人（商4 II）の営業の目的たる行為は，準商行為として，商行為法の規定（商504〜）が準用されると解すべきである。

## 五　双方的商行為と一方的商行為

　①当事者の双方にとって商行為である行為を双方的商行為という。例えば，商人が銀行から営業資金を借り入れる行為がそうである。それに対して，②当事者の一方にとってのみ商行為である行為を一方的商行為という。例えば，商人が非商人から営業資金を借り入れる行為がそうである。

　商法は，②についても，商法を双方に適用することとする（商3 I）。同一の行為について，一方には民法を，他方には商法を適用することは不可能だからである。そして，一方を適用するとすれば，商法の合理的な規定を適用するのが妥当であるというのが同規定の趣旨である。

　　＊最判昭和42・10・6民集21・8・2051旧百選48　　商法3条1項を基礎に，

　　非商人が商人のために保証債務を履行して取得した商人に対する求償権に商
　　法522条の商事時効（ただし現行法では削除）を適用した（後述）。

　なお，商法 3 条 2 項は，商法の合理的な規定を全員に適用するのが望ましい
と考えた規定である。

## 六　公法人の商行為（商 2 ）

　国家，地方公共団体，日本道路公団（JH）など，公法人の商行為について
は，「法令に別段の定めがある場合を除き」商法を適用する。

〈設　問〉────────────────────────────────

　　◇商行為の意義および種類について述べなさい。

　　◇営業的商行為に関する現行商法の規定を立法論として検討しなさい。

# 第2章　商行為の通則━━

　商法は，商取引の営利性・安全性・簡易迅速性等から，商行為に関しては，民法の一般原則と異なる特則を定めている。

## 一　商行為一般に関する特則

### 1．代理の方式（商504本文）

　民法では，代理人が本人のためにすることを示すか，相手方が本人のためにすることを知っていなければ，代理権の効果が発生しない（民99・100）。商法504条は，この民法の顕名主義（民99）に対する例外をなすもので，顕名しなくてもよいとする。商取引にあっては，相手方に対して一々本人のために行為することを示すことは煩瑣で，相手方がその間の事情を知っている場合がほとんどであり，また取引の相手方の個性よりも取引の内容自体が重要視されるからである。

　　＊**商法504条但書の解釈**　　本条については，論争がある。少数説は，本条（本文）の適用のあるのは，相手方が代理であることを知り，あるいは知り得べき場合に限るのであって，そうでない場合は代理人と相手方だけに法律効果が生じる。それに対し，通説は，相手方が代理であることを知らない場合でも，法律関係は本人・相手方間に生じるが，相手方が代理であることを知らないときはこれを保護する必要があるから，相手方は代理人に対しても履行の請求ができるとする。代理人は，本人の債務について，不真正連帯債務の関係にある。相手方の弁済は，有効な弁済とはならない。なお，相手方に過失があったときには，相手方は保護されない。最判昭和43・4・24民集22・4・1043百選30は，通説を前提に，相手方が本人・代理人の一方に履行

の請求をしたときは，他の一方との関係はなくなる，いわゆる選択権が認められるとする。これに対しては，相手方に選択権を与えるのは，保護のし過ぎであるとの批判もある。なお，商法504条但書と消滅時効について，最判昭和48・10・30民集27・9・1258百選31参照。

**＊最判昭和51・2・26金法784・33** 本条が適用されるのは，商行為の代理人についてであるが，これは本人のために商行為となる行為についての代理行為の意味である。

## 2．商行為の委任（商505）

商法505条は，受任者の権限について定める。すなわち，商行為の受任者は，委任の本旨に反しない範囲内において，委任を受けない行為をすることができる（商505）。民法上も，受任者は委任の本旨に従い善管義務を負うのであるから（民644），これを合理的に解釈し，明文化したにすぎない。したがって，本条は，単なる注意的規定にすぎないといえる。

ここにおいて，商行為の受任者とは，商行為をなす委任を受けた者という意味である。

## 3．対話者間における契約の申込（商507→削除）

商法507条は，対話者間において，契約の申込を受けた者が直ちに承諾をしないときは，申込はその効力を失うと定めていた。この規定は，商取引の迅速結了主義の要請に基づくものである。民法には，これについて直接定める明文規定は存在しない。

ここにおいて，対話者間とは，直接に相手方と意思の交換ができる場合をいう。したがって，相手方が遠隔地にあっても電話で交渉を行っている場合，対話者間の申込と考えられる。

この規定は，当事者の一方にとって商行為であれば適用される。しかし，商行為以外の場合においても，解釈論として，商法507条と同じ処理がとられている。そうであれば，結局，本条は，商行為に関するだけの規定というわけではないことになる。そこで，結局，商法507条は削除された。

### 4．隔地者間における契約の申込（商508）

　商法508条 1 項は，隔地者間において，承諾期間を定めずに契約の申込を受けた者が相当期間内に承諾の通知を発しないときは，申込はその効力を失うと定める。民法524条では，相当期間が経過すれば，申込者は取り消しうるにすぎないから，同条項は民法に対する特則であるといえる。

　商法では，申込者の取消の意思表示がなくても期間経過だけで申込の効力が失われる。これは，商取引の迅速結了主義を表すものである。すなわち，商行為においては，取引の迅速を図る必要性があることが考慮されたものである。

　「相当の期間」は，一律には決められない。売買目的物の価値変動の大きさや，当事者間の過去の取引の態様，当該取引における申込者の態度等から，個別具体的に判断される。

　当該行為が当事者の一方にとって商行為であれば，本条項が適用される。

　なお，民法524条（遅延した承諾の新たな申込としての効力）の規定は 1 項の場合に準用するとする商法508条 2 項は，当然のことを定めており，注意的規定であるといえる。


### 5．多数債務者の連帯（商511 I）

　商法511条 1 項は，複数人（数人）がその 1 人または全員のために商行為である行為によって債務を負担したときは，その債務は各自連帯してこれを負担すると定める。民法427条では，分割債務の原則を採用している。これに対し，商法は，信用を強化するために債務者の責任を重くして連帯債務とした。

　本条項が適用されるのは，債務者にとって商行為となる場合に限られる。また，この債務と同一性のある債務，すなわち損害賠償義務や解除の際の原状回復義務についても，この規定が適用される。

　　**＊最判平成10・4・14民集52・3・813百選33**　建設工事共同企業体の事業
　　上の債務について，構成員に対し商法511条の適用を認めた事例である。

6．保証人の連帯（商511Ⅱ）

5と同じ理由から，次の一定の要件を満たす場合には，保証債務については，すべて連帯保証となる。すなわち，ここでは，民法453条（検索の抗弁権）・456条（分別の利益）が適用されず，保証人の責任が強化される。

a．主たる債務が債務者にとって商行為となる債務である場合

b．保証が商行為となる場合

> ＊**保証が商行為となる場合**　これについては，銀行が取引先のために保証する場合のように，保証する行為が商行為であるときのみとする説と，銀行が貸付にあたり非商人に保証人となってもらう場合のように，保証させる行為が商行為である場合を含むと解する説（大判昭和14・12・27民集18・1681）とが対立している。これについては，商法511条1項との均衡や，商事保証の信用を高めるのが目的であれば商人が保証する場合だけで十分であることから，前説を支持する見解が多い。

7．法定利率（商514→削除）⇒民法404条（原則年3分で3年ごとに変動）に統一

商法514条は，商行為により生じた債務については，法定利率は年6分とすると定めていた。民法では，法定利率は年5分と定められていた（旧民404）。この特則は，商行為における金銭の有利な利用の要請に基づくものとされた。商人は，一般人より有利に資金を運用できるはずであると考えられた。債権者または債務者どちらか一方にとって商行為によって生じた債務であればよかった（最判昭和30・9・8民集9・10・1222旧百選42）。

この規定は，債務不履行による損害賠償義務，原状回復義務にも適用された。これらの義務は，商行為によって生じた債務の変形したものと考えられた。また，不法行為による損害賠償請求権は，商行為によって生じた債務ではないから，本条は適用されなかった（最判昭和62・5・29民集41・4・723）。

> ＊**自賠法16条1項に基づく被害者の保険会社に対する直接請求権**　最判昭和57・1・19民集36・1・1旧百選44は，自動車保有者の保険金請求権の変形またはそれに準じる権利ではなく，商法514条の商行為による債務には当たらないとした。

以上の議論は削除(年 5 分でも相場に比べ高過ぎ民法と区別する理由もない)により意味がない。

### 8．流質契約の自由 (商515)

民法349条は，債権者の暴利行為を防止するため，流質契約を禁じている。それに対し，商法515条は，商行為によって生じた債権を担保するために設定した質権については，流質契約を許容している。商人は冷静に利害計算をする能力があり，このような保護は必要ないと考えられた。また，流質契約を禁止する規定があると，商人にとっては，かえってせっかくの金融の道が閉ざされることになりかねないからである。

法文と違い，立法趣旨から債務者にとって商行為のときのみ民法349条を適用しないと解すべきである。もっとも，譲渡担保が利用されている現代において，本条はあまり意味がない。

### 9．債務履行の場所 (商516)

商法516条は，商行為によって生じた債務の履行場所について，その行為の性質または当事者の意思表示によって定まらないときに，次のように定めている。

Ⅰ．特定物の引渡については，行為時その物が存在していた場所で行う。民法484条では，債権発生当時，その物が存在していた場所と定めている。このように民法と異なる結果になるのは，債務が停止条件付，始期付の場合である。

Ⅱ．その他の債務については，持参債務の原則をとり，民法と同じである。ただし，商法では，債権者の営業所，営業所がないときは住所が履行場所とされる。民法では，履行は債権者の住所においてなされる。

本条項は，当事者の一方にとって商行為であれば適用される。

Ⅲ．無記名債権，指図債権の弁済は，債務者の現時の営業所，もし営業所がないときはその住所においてなされていた。このように取立債務とされる

のは，これらの債権は，転々移転し，債務者は弁済時に誰が債権者か分からないためであるがこの部分（Ⅲ）は改正により削除された（民520の8・18・20）。なお，このような債権の一種である手形や小切手では，第三者方払の記載が多く用いられている（手4・77②，小8参照）。

## 10. 債務の履行または履行請求の時（商520→改正により削除）

商法520条は，取引時間について定めていた。すなわち，商法は，法令または慣習により，取引時間の定めがあるときは，その取引時間内に限り，債務の履行をし，またはその履行を請求をすることができると定めていた。しかし，これは商事取引の特則ではなく，民事取引でも同様である。そこで削除された。

　＊**最判昭和35・5・6民集14・7・1136**　　取引時間外になされた弁済の提供であっても，債権者が任意に弁済を受領し，それが弁済期日内であれば，債務者は履行遅滞の責任を負わない。

さらに，当事者は，取引時間について特約で，法令または慣習と異なることを定めることも認められる。

## 11. 商事時効（商522→改正により削除。民法の規定による）

商法522条は，商行為によって生じた債権は商法に別の定めがないときは，5年の消滅時効にかかることを定めていた。消滅時効期間が民法の定めるもの（10年−民167Ⅰ）より短縮されていた。これは，商取引においては，決済が迅速になされることが普通であることを考慮したものであった。しかし，改正民法により5年より短い時効規定が定められることが多いため，商法522条は削除された。

従来の議論によれば，本条は，債務者にとってであれ，債権者にとってであれ，商行為によって生じた債権およびそれと同一性を持つもの（債務不履行に基づく損害賠償請求権や解除に基づく原状回復請求権等）に適用された。

　＊**最判昭和42・10・6民集21・8・2051旧百選48**　　商人が営業のために銀行から貸付を受ける際に，非商人に保証人になることを委託した事案において，

　保証人が主債務者に代わって弁済をして，保証人が主債務者に対して持つこ
とになった求償権は，商法522条の適用がある商事債権であるとされた。

　不当利得返還請求権は，具体的場合により判断された。

　＊最判昭和55・1・24民集34・1・61旧百選49　　商行為に当たる金銭消費貸
　借について利息制限法の制限を超えて支払われた利息・損害金に関しての不
　当利得返還請求権の消滅時効を，民法167条1項により10年としている。

　債権者・債務者のどちらか一方にとって商行為であればよかった（多数説・
判例）。なお，債権者にとって商行為である場合に適用を限るべきであるとす
る立場もあった。

## 二　当事者の一方が商人である場合の商行為に関する特則

### 1．本人の死亡と代理権の存続（商506）

　商法506条は，商行為の委任による代理権は，本人の死亡によって消滅しな
いと定める。本人が死亡すれば代理権は消滅すると定める民法111条1項1号
の特則である。その趣旨は，商人が代理人を選任し，営業行為を行わせている
ときには，商人が死亡しても，企業の営業活動を中断することなく，継続させ
るのが適切であり，取引の安全にもつながるという考えに基づくものである。

　なお，本条は，代理権授与が委任者にとって商行為となる場合に適用範囲を
限定すべきである（大判昭和13・8・1民集17・1597）。例えば，商人が支配人のよ
うな代理人を選任する場合である。それに対し，非商人が絶対的商行為を委任
する場合に，本条を適用することは適切でない。

### 2．契約の申込に対する諾否の通知義務（商509）→民法5221条1項・527条の特則

　本来，契約の申込に対しては承諾をしない限り，契約は成立しないはずであ
る。しかし，商法509条は，商人について，従来から一定の継続的取引関係に
あって，今後も取引が継続されるであろうと予想される相手方から申込を受け
た場合に，遅滞なく承諾するか否かを通知する義務を課し，もし通知を行わな

いときは承諾が擬制される。この規定は，商人の継続的取引関係，商行為の迅速性から取引の相手方を保護し，商人の義務を課したものである。したがって，本条の適用は，商人が営業として行う基本的な取引に関係する契約に限られる。

　＊**最判昭和28・10・9民集7・10・1072百選32**　　金物商である商人が所有する宅地の借地権を放棄するような契約には適用の余地はない。

　申込を受ける者は商人である必要があるが，申込を行う者は商人でなくてもよい。なお，本条の適用は，承諾期間を定めずに申込がなされた場合に限定される。期間の定めがあるときは，期間経過までに諾否の返事がなければ，申込を失効させる趣旨と考えられる。

## 3．送付品保管義務（商510）

　商人がその営業の部類に属する契約の申込を受けた場合に，申込と同時に受領した物品があるときは，その申込を拒絶したときでも，その物品を保管する義務を負う（商510本文）。このような義務は民法にはない。商取引においては，申込者が相手方の承諾を予期して，契約申込と同時に物品の全部または一部を送ることも多く，これを保管させることは，商取引を円滑に進め，取引界の信用を高める。保管に要する費用は，申込者が負担する。申込を受ける者は商人に限られるが，申込を行う者は商人には限られない。ただし，申込者は隔地者に限られよう。なお，その物品の価額が保管費用を償うに足りないか，または商人がその保管によって損害を受けるときは，保管の義務はない（商510但書）。

## 4．報酬請求権（商512）

　商人がその営業の範囲内で他人のためにある行為をしたときは，相当の報酬を請求することができる（商512）。これは，民法（648 I・656・665）に対する特則である。営業行為そのものでなくとも営業のために行われた行為であれば適用される。報酬を請求する相手方は商人である必要はない。契約に従って商人が行動した場合に限らず，義務なく他人のために事務を行う事務管理の場合であっても，商人は報酬を請求できると解されている。しかし，相手方のために

行うことが客観的に認められることを要件とすべきである。単に仲介行為の反射的利益が相手方に及ぶというだけでは足りない。他人のために事務管理を始めたかが決め手になるのであれば，相手方にとって不測の損害が生じることがある。

　　＊**不動産仲介業者の報酬請求権**　　不動産仲介業者は，依頼を受けなかった契約の他方当事者に対して報酬を請求できるか問題となる。最判昭和44・6・26民集23・7・1264百選34は，宅建業者が売主から委託されたのではなく，または「売主のためにする意思をもって売買の媒介を行った」のではないことから，報酬請求権を否定した。

## 5．立替金の利息請求権（商513Ⅱ）

　商人が営業の範囲内において他人のために金銭を立て替えたときは，本来，商人はこの金銭を他に運用できたはずであるから，立替日以後の法定利息を請求できる。

## 三　当事者双方が商人である場合の商行為に関する特則

### 1．法定利息の請求（商513Ⅰ）

　民法では，消費貸借契約は無償を原則としている（民587）。商人間の消費貸借では，商人である貸主は営利を目的として活動しており，貸主としてはここで貸付をしていなければ，金銭を他で有利に運用していたはずである。そこで，商法513条1項は，法定利息を請求できると定めた。しかし，商法512条と異なり，適用範囲を商人間に限っていることは趣旨一貫していない。立法論として，商人が営業の範囲で貸付を行ったときに適用されるとすべきである。

### 2．商人間の留置権（商521）

　商人間において，その双方のために商行為となる行為によって生じた債権が弁済期にあるときは，債権者は弁済を受けるまで，その債務者との間における商行為によって自己の占有に帰した債務者所有の物または有価証券を留置する

ことができる。ただ，別段の意思表示があるときはこの限りでない（以上，商
521）。本条は，商人間の留置権を定めている。本条の適用要件は，次の通りで
ある。

　要件Ｉ→被担保債権は双方にとって商行為によって生じたものであり，弁済
期が到来していなければならない。

　要件Ⅱ→留置物は債務者所有の物または有価証券である（民法295条では，
債務者の所有物でなくてもよい）。被担保債権と担保物（留置物）との関連性
は不要とされる（民法では，この関連性を要求している）。

　要件Ⅲ→担保物は，商行為により自己（債権者）の占有するところとなった
ものでなければならない。自己の占有に移す行為は，債権者にとって商行為で
あればよい（建築請負人の占有敷地に対する商事留置権：東京高判平成11・7・23判時
1689・82旧百選46）。

　以上の要件を充足する場合，効果として，債権者はその物または有価証券を
留置することによって，債務者に債務の弁済を促すことができる。なお，最判
平成29・12・14民集71・10・2184百選35は，留置権の目的物に不動産が含まれ
ることを明らかにした初めての判決である。抵当権との優劣関係については，
議論がある。

　このほか，商法上，代理商（商31），問屋（商557），運送取扱人（商562），運送
人（商589），船長（商753Ⅱ）等の特別の留置権が認められる。

　　＊債務者の破産宣告と商事留置権の効力　　民法上の留置権は，破産手続にお
　　いては効力を失うが（破93Ⅱ），商事留置権は特別の先取特権とみなされ，
　　別除権（破産手続によることなく債権の弁済を受ける権利）が認められる
　　（破93Ⅰ・92，民事再生53）。その留置的効力も喪失せず，債権の弁済を受け
　　るまで管財人からの返還請求を拒絶できる。最判平成10・7・14民集52・
　　5・1261百選37は，銀行が顧客の破産後に商事留置権を主張し，顧客から預
　　かっていた手形についての破産管財人の返還請求を拒絶することを認め，か
　　つ，銀行取引約定書に従ってその手形を取り立てて，債権の弁済に充てるこ
　　とも認めた。最判平成23・12・15民集65・9・3511百選38は，債務者の民事
　　再生手続開始決定後，取立委任を受けた銀行は商事留置権を行使して債務の

弁済に充てる旨の銀行取引約定は，民事再生法上も有効であるとする。

## 四　有価証券に関する特則（以下は民法改正に伴い削除）

### 1．有価証券に関する商法の規定⇒削除

　有価証券の定義については争いがあるが，一般に，財産的価値ある権利を表章する証券であって，権利の発生または移転に証券が必要となるようなものをいうと解されている。商法は，有価証券についていくつかの特則を置いていた。

　改正民法は，指図証券，記名式所持人払証券，その他の有価証券，無記名証券に分けて規定している（民520の2〜20）。

### 2．債務履行の場所に関する特則（旧商516Ⅱ→民520の8・18・20で規制）

　これについては，取立債務とされていたが改正民法制定に伴い削除された。

### 3．履行遅滞の時期に関する特則（旧商517→民520の9・18・20）

　民法412条1項および2項は，債務の履行期限と履行遅滞について，債務者は，確定期限あるときは，その期限の到来したときから，不確定期限あるときは，その期限が到来したことを知ったときから遅滞の責任を負うと定めていた。

　それに対し，本条（旧商517）により，有価証券のうち指図証券または無記名証券については，呈示があるまで履行遅滞の責任はないとされた。記名債権についても理論上，同一に解された。そこで改正民法は，同様な規定を置いている（民520の9・18・20）。

### 4．有価証券喪失の場合の特則（旧商518→削除）

　有価証券の喪失の場合，公示催告手続により除権決定を得れば，証券がなくても権利を行使することができる（非訟118）。しかし，公示決定の申立から除権決定まで2カ月以上を要する（非訟103）。その間に債務者が資力を失い，目的物破壊のおそれがある。そこで商法は，債権者の利益を保護するために，除権判決を得ていなくても履行請求ができる方法を定めていた。すなわち，証券

を喪失した者は，公示催告の申立を行ったときは，債務者に目的物を供託させ
たり，証券喪失者が相当の担保を提供したうえで，証券の趣旨に従って履行さ
せることができた（旧商518）。現在では，同様の規定が民法に置かれている（民
520の12）。

　なお，有価証券のうち，株券については，平成14年商法改正により，株券喪
失登録手続が定められている（旧商230～230ノ9ノ2，会221以下）。また，ゴルフ
クラブが発行する入会金預り証や保証金預託証書は有価証券ではないから，公
示催告や除権判決手続の対象とはならないとされた（東京高決昭和52・6・16判時
858・101旧百選45）。


　5．有価証券についての手形法・小切手法の準用（商519→削除）

　旧商法519条では，金銭その他の物または有価証券の給付を目的とする有価
証券の譲渡と善意取得については，手形法（手12～14），小切手法（小5Ⅱ・19・
21）が準用されていた。しかし，一般法たる商法が，特別法である手形法や小
切手法を準用しているのは，問題があるとされた。そこで同条は削除され，代
わりに，改正民法で「有価証券」として規定された（民520の3・4・5，520の
14・15，520の20）。


〈設　問〉─────────────────────────────
　　　◇商事代理と民法上の代理について，比較しなさい。
　　　◇銀行の預り手形と商事留置権について，実務と判例を検討しなさい。

# 第3章　商事売買━━

## 一　商事売買と商法の規定

　企業をめぐる取引において，売買は極めて重要な役割を有している。商法は，企業が当事者となる売買のうち，両当事者が商人である場合，すなわち企業間の売買について民法の特則を置いている。商事売買に関する商法の規定は，売主保護の立場が貫かれている。その趣旨は，取引の円滑化のためにその必要があるというところにある。また，商人間の取引では，立場の互換性があるから，売主のみを保護することに問題はないと考えられた。

> **＊消費者売買**　これに対し，一方当事者が商人であり，他方当事者が消費者である売買については，商法には規定がなく，消費者保護のため，割賦販売法，特定商取引に関する法律，消費者契約法が定められている。さらに金融商品に関して金融商品の販売等に関する法律がある。

## 二　売主の供託・競売権（商524）

　商人間の売買において，買主が目的物を受け取らない場合には，商取引の迅速性から，売主を契約上の義務から早く免れさせる必要がある。そこで，商法524条は，売主の供託，競売権，いわゆる「自助売却権」を定めている。この点，民法でも類似の規定があるが（民494・497），民法では，供託が原則で，競売が例外となっている。それに対し，商法では，売主に選択権が与えられている。商法524条の適用要件は，次の通りである。

　要件Ⅰ→商人間の売買であること。

要件Ⅱ→買主が目的物の受領を拒むか，受領不能であること。

要件Ⅲ→競売するには，催告をしなければならない。損敗しやすい物は催告
　　　することなく競売できる（商524Ⅱ）。損敗とは，物理的なことだけを意味
　　　するのではなく，市場での価格の変動が激しく，放置しておけば暴落する
　　　ような場合も含まれる。

　なお，競売したときは，遅滞なく買主に通知しなければならない（商524Ⅰ後
段）。競売の代金については，供託するのが原則であるが，売主に充足権があ
り，全部または一部を代金に充当できる（商524Ⅲ）。

## 三　確定期売買の解除（商525）

　確定期売買とは，売買の性質上一定の日時や期間に履行されなければ意味が
ない場合（印刷した年賀状や暑中見舞用の団扇の売買）や，当事者の意思表示
により一定の日時や期間に履行されなければ意味がない旨が合意されていた場
合（結婚式用の引出物）における売買をいう。

　このような売買において，当事者の一方が履行をなさずにその時期を経過し
たとき，相手方がすぐに履行の請求をしないときには，契約は解除されたもの
とみなされる（商525）。

　民法にも類似の規定がある（民542）。民法では，相手方は解除の意思表示を
する必要がある。相手方は，この時点で履行の請求をすることもできる。しか
し，売主が目的物を期限までに提供できなかったときに，買主の意思いかんで
解除が決まることになり，売主に不利な結果となる。それに対し，商法は商取
引の迅速性に配慮し，売主保護を図った。立場の互換性が認められる商人間の
売買に限り適用される。

　　　＊確定期売買とは　　最判昭和44・8・29判時570・49百選39は，確定期売買
　　　というためには，期限が経過するとものの役に立たないものに限られるので
　　　あり，ただ単に当事者が契約の履行について期限厳守といっただけで，本条
　　　にいう確定期売買となるわけではないとした。

## 四　買主の検査・通知義務（商526）

　民法では，売主が買主に対して瑕疵のある商品を提供した場合や，商品に数量不足がある場合には，買主は売主に対して相当の期間（1年間），担保責任（減額・解除・損害賠償）を追及できる（民570・566・565・563・564）。しかし，それでは売主は長期間不安定な立場に立たされる。売主としては，直ぐに通知してもらえば，仕入先に交換を求めるなどの請求を行ったり，これを他に転売する措置をといった対処を考えることが可能なはずである。

　そこで，商法は，商人間の売買について，買主に目的物の検査と瑕疵の通知の義務を課している（商526 I）。この場合，買主は，検査により売買の目的物が種類，品質または数量に関して契約の内容に適合しないことを発見したときは，直ちに売主に対してその通知を発しなければ，その不適合を理由とする履行の追完の請求，代金の減額の請求，損害賠償の請求および契約の解除をすることができない。買主が目的物について種類または品質に関して契約の内容に適合しないことを直ちに発見できないときには，買主が 6 カ月以内にその不適合を発見できない場合も同様である（商526 II）。

　なお，売主が悪意，つまり引き渡した目的物が種類，品質または数量に関して契約の内容に適合しないことを知っていたときには，売主を保護する必要はないから，第 1 項の規定は適用されない（商526 III）。

　かつて，本条（商526）は，特定物に関する規定と考えられていたが，一般に瑕疵担保責任は債務不履行の一態様と解するのが通説となるにつれて，不特定物であっても本条が適用されると解されるようになった（最判昭和35・12・2民集14・13・2893旧百選51）。商事売買においては，その対象が不特定物であることの方が多いと思われるから，本条についてもこのように解することが適切である。

　なお，本条は，民法に基づく責任を追及するための前提条件を課したものであり，民法とは別に売主の責任を定めたものではない（最判昭和29・1・22民集8・1・198，最判平成 4・10・20民集46・7・1129百選42）。したがって，例えば，商

人間の不特定物売買において，買主が目的物に瑕疵を発見し，直ちにその旨を売主に通知したとしても，瑕疵を知った時から1年以内に解除の意思表示をしなければ，売買契約は解除できない（東京高判平成11・8・9判タ1044・179）。

## 五　買主の保管・供託義務（商527・528）

商人間の売買において，売買契約の目的物に瑕疵があったり，数量不足があったときに，買主がそれを理由に売買契約を解除した場合に，買主は売主の指示があるまで商品の保管・供託を行うべき義務を負う（商527Ⅰ本文）。商品を返還してもらうと時間がかかるとき，転売の機会を失うおそれもあり，むしろ商品の転送よりも，直接，転売先への転送を望むことが考えられる。また，商品が腐りやすい物であるときは，商品を返還することは適当でない。

保管を行うか供託を行うかは，買主が自由に選択できる。保管費用は売主が負担する（商法510条但書と比較せよ）。保管費用の方が目的物の価額より高い場合であっても，保管義務があると解されている。

> ＊緊急売却　　目的物に滅失または毀損のおそれがある場合には，裁判所の許可を得て競売して，その代価を保管または供託すべき（商527Ⅰ但）。競売を行ったときには遅滞なく売主にその旨を通知しなければならない（商527Ⅱ）。

本条（商527）は，商法526条を受けているから，本条が適用されるのは，商人間の売買に限られる。商人間の売買であっても，次の場合には本条による保管・供託義務は課されない。

① 売主に悪意がある場合。本条が526条を前提としているからである。実質的に考えてみても，解除されるような商品であることを知りながら提供した売主までも，本条で保護すべきではない。

② 売主と買主の営業所・住所が同一市町村内にある場合（商527Ⅲ）。この場合には，商品をすぐに引き渡すことで原状回復が図られるからである。しかし，商品をどこに送ったかを問題にすべきである。

なお，買主は，売主に費用のみならず商法512条により報酬も請求できる。

さらに，以上の保管および供託の義務は，買主に渡された商品が注文した物

品と異なる場合や，注文した数量を超過している場合にも，同様に買主に課されている（商528）。ここでの保管および供託の義務に違反した買主は，売主に対して損害賠償義務を負うことになる。

〈設　問〉────────────────────────

　　◇商事売買に関する商法の規定は，どのような点で民法の規定の特則となっているか。

　　◇商法526条は，不特定物の売買に適用されるか。

# 第4章　交互計算━━━

## 一　交互計算契約の意義と性質

　交互計算とは，契約で一定期間を定め，その期間内に当事者相互に取引から生じた複数の債権・債務について，そのつど決済することをせずに，期末に一括して決済する制度である。債権を個別に行使させたり処分させないところに交互計算の特質がある。

　交互計算の主たる機能は，決済の簡易化と担保的機能である。すなわち，交互計算により，期末に差額の支払だけをすればよいし，また，当事者は，お互いの債権がいわば担保としての機能を有するので安心していられる。

> **＊段階的交互計算**　　これは，入金・支払をそのたびごとに計算して残額債権を発生させていくもので，担保的機能を持たない交互計算であり，顧客が銀行と締結する当座勘定契約がその典型である。

　商法529条によれば，少なくとも当事者の一方が商人であって，当事者間に平常取引があること，すなわち継続的取引関係があることが要件とされる。一定期間のことを交互計算期間と呼ぶが，この交互計算期間は当事者で決めるが，特に定めないときは，6カ月とされる（商531）。

　交互計算に組み入れられる債務は，期間内に生じたすべての債務である。しかし，特に除外されるものがある。一括して相殺することが不適当と考えられるものである。そのようなものとしては次のものがある。①金銭債権以外の債権（相殺の対象として適切でない），②第三者から譲り受けた債権，不法行為，不当利得，事務管理のように取引自体から生じるものではない債権，③消費貸

借の予約による債権のように，現実に履行されなければならない債権，④特殊な権利行使を必要とするもの（例えば，手形のような有価証券上の債権），⑤担保付債権（これを相殺の対象とすることは債権者の期待に反するから）。

## 二　交互計算の効力

### 1．消極的効果──交互計算不可分の原則

　交互計算期間中に相互に発生した債権・債務は，その独立性および個性を喪失し，不可分の全体に融合し，以後総額において一括相殺され決済される。したがって，個々の債権を行使することはできない。

　このことを第三者に対抗できるか問題となる。有力説は，交互計算は当事者間の契約関係にすぎず，原則は当事者のみを拘束し，第三者には対抗できないとする。それに対し，通説は，交互計算は商法上の制度であり，単なる債権譲渡禁止の特約とは異なるものであり，交互計算期間が終了した後は，他の債権者は残額債権を差し押さえることができるが，交互計算期間中にあっては交互計算に組み入れた債権は，民法466条1項但書にいうその性質上譲渡性を有しないものであり，これを譲渡，質入れしても無効であり，差押えもできないとする。この立場は，継続的取引関係にある当事者間において，相互に相手方に負うであろう債務を自己の相手方に対する債権の担保としてみているという状態であるという。

　もっとも，交互計算不可分の原則があっても，債権者としては，債権者代位権を行使して交互計算契約を解除したうえで，残額債権を確定させ，残額債権について支払を請求するという方法をとりえないことはない。

　　＊判例（大判昭和11・3・11民集15・320百選64）　　交互計算に組み入れられた債権に対する差押えを無効としている。このような債権が譲渡できないことは，当該債権を交互計算契約の下における取引より生じたことの当然の結果であり，したがって，第三者の善意・悪意を問わず対抗できるという。

　なお，商法530条は，手形等の商業証券において証券の債務者が弁済をしないとき，交互計算から当該項目を除去できると定める。

## 2．積極的効力

交互計算期間が満了すると，組み入れられている債権・債務の総額について一括相殺が行われ，残額債権へと更改される。その際，計算書類を作成し承認を行うことで残額債権が確定する。なお，商法532条により，計算書類の承認が行われたときは，錯誤・脱漏のない限り当事者は異議を述べられない。計算間違いがあっても，承認した以上は，残額債権について争えない。逆に，錯誤・脱漏があれば，異議を述べられる。当事者は，別個に不当利得返還請求を行うべきである。

残額債権は，新たに更改において生じたものである。個々の債権に付いていた担保や保証は，残額債権に引き継がれないし，消滅時効についても新たに進行する。

さらに，商法533条1項は，残額債権について計算閉鎖の日から法定利息を請求できると定める。さらに，同条2項は，各項目を交互計算に組み入れた日からこれに利息を付けることができるとして，重利（民405）を容認している。

一方当事者が計算書の承認をしなかった場合，債務不履行を理由として交互計算契約そのものを解約するほかない。

## 三　交互計算の終了

交互計算期間の終了と交互計算契約の終了とは別物である。つまり，交互計算期間の終了だけで，契約終了となるわけではない。

交互計算契約は，存続期間の満了およびその他契約の一般終了原因で終了する。このほか，当事者はいつでも交互計算契約の解除をなしうる（商534）。契約の存続期間を定めていても，任意に計算を終了できる。これは相手方の信用状態の変化に対処するものである。

なお，破産法66条，会社更生法63条は，破産宣告を受けたとき，更生手続の開始決定があったとき，交互計算が終了することを定めている。

交互計算契約が終了したときは，計算は閉鎖され，残額債権が成立する（商534）。

〈設　問〉————————————————————————

　　◇交互計算の意義と種類について述べなさい。

　　◇交互計算に組み入れられた債権の差押えについて述べなさい。

# 第5章　匿名組合━━━━

## 一　匿名組合契約の意義

　匿名組合契約とは，当事者の一方（匿名組合員）が相手方（営業者）のために出資し，営業者がその営業から生じる利益を分配することを約束する契約をいう（商535）。これは匿名組合員の資本と営業者の営業の才能が結合する共同企業である。このように匿名組合は経済的には共同企業であるが，法律上は，営業者と匿名組合員との二当事者による契約であり，匿名組合は営業者のみの事業という形をとっている。

> **＊合資会社およびLLC・LLP**　　匿名組合は，事業の経営者と資本の提供者とが合体した一種の共同企業形態である点で合資会社と類似の経済的機能を有し，両者は沿革的にも中世のコンメンダ契約にその起源を有しており，合資会社の規定が準用される場面もある（商542）。しかし，匿名組合の場合，資本家が背後に隠れ，営業者の単独企業の形をとるところに特徴がある。なお，出資者の有限責任が確保され，会社の内部関係については組合的規律が適用されるというような特徴を有する新たな会社類型である合同会社（LLC）が会社法によって創設された。また，平成17年には有限責任組合（LLP）も認められた（これは会社ではなく，契約である）。

## 二　当事者間の権利・義務

　匿名組合員は，出資の義務を負う。その出資は，財産出資でなければならない（商542・150：信用や労務の出資は認められていない）。出資した財産は営業者の財産に帰属する（商536 I）。営業者の行為について，匿名組合員は，第三者に対

して権利・義務を持たない（商536Ⅱ）。なお，匿名組合員の氏名を営業主の商号に使うことを許諾した場合などは，この匿名組合員は，営業者と連帯債務を負担することとなる（商537：名板貸に基づく禁反言法理）。

　匿名組合員は，営業者に営業を行わせる請求権を持ち，営業者から利益分配を受ける権利を有する。匿名組合員への利益分配は，特に定めていないときは，出資の割合に応じてすることになる（民674Ⅰ）。なお，出資が損失によって減少したときは，その填補があった後でなければ，匿名組合員は利益の配当を請求することができない（商538）。また，貸借対照表（または電磁的記録）を閲覧または騰写し，営業・財産の状況を検査する権利を有する（商539：持分会社の非業務執行社員の業務・財産状況調査権について，会592Ⅰ）。

　営業者は，匿名組合における事業を運営する善管注意義務を負っている（最判平成28・9・6判時2327・82百選65）。特約がない限り，営業者は競業避止義務を負うと解されている。

## 三　匿名組合の終了

　当事者の意思による終了として一方的解除が定められている（商539）。存続期間の定めがないときは，6カ月前に解除告知をしなければならない。存続期間の定めのあるなしに関係なく，やむを得ない事由があるときは，いつでも解除することができる。

　なお，当事者の意思によらない3つの終了事由が定められている（商541）。

　Ⅰ．組合の目的である事業の成功または成功の不能。

　Ⅱ．営業者の死亡または営業者が後見開始の審判を受けたこと。

　Ⅲ．営業者または匿名組合員の破産。

　契約が終了したときは，営業者は匿名組合員に出資した金額を返還する（商542）。現物出資のときでも，金銭で評価して返還する。組合員は，出資した財産そのものを請求することはできない（名古屋地判昭和53・11・21判タ375・112）。

　　**＊民法上の組合と匿名組合**　　民法上の組合は各当事者が出資を行うことにより成立するが（民667），匿名組合の場合は匿名組合員のみが出資を行い，営

業者が出資をすることはない。民法上の組合の財産は総組合員の共有となるが（民668），匿名組合では組合自体の財産というものはなく，出資はすべて営業者の財産となる（商536Ⅰ）。したがって，組合員の持分という概念も認められない。民法上の組合では，団体の構成員であるために脱退という言葉が使われるが（民678），匿名組合は契約であるから，解除と呼ばれる（商539）。民法上の組合の場合，各組合員が第三者に対して権利義務を有することになるが，匿名組合員は営業者の行為について第三者に対して権利義務を有しない（商536Ⅱ）。匿名組合には組合自体の営業というものはなく，営業者の営業があるだけである。

＊**匿名組合の最近の利用**　　金融機関がバブル期に生じた関連企業の不良債権を処理するときに，匿名組合制度が利用された（その際，設立された特別目的会社（SPC）は，平成10年には「資産の流動化に関する法律」により，新しい社団法人として法制化された）。なお，匿名組合方式を用いた航空機のレバレッジド・リース契約に関する事案として，東京地判平成7・3・28判時1557・104旧百選82がある。最近では，企業の創出・再生や各種の投資に関わるファンドが投資家から出資を受ける際に，匿名組合制度が利用される場合がある。

〈設　問〉

　　◇民法上の組合と匿名組合の相違について述べなさい。

　　◇SPC（特別目的組合）とは何か。その仕組みを説明しなさい。

　　◇LLC（合同会社），LLP（有限責任組合）とは何か。その相違を述べなさい。

# 第6章　仲立営業━━━

## 一　仲立人の意義および仲立契約の性質

　仲立営業は，他人間の商行為の媒介を引き受けることを目的とする営業であり，この営業を行う者を仲立人という（商543）。旅行業者等がこれに該当する。

　委託者が仲立人に媒介を委託し，仲立人がこれを引き受ける契約を仲立契約という（準委任契約）。仲立ちに関する行為は，営業的商行為であり（商502⑪），これを業とする仲立人は商人となる（商4Ⅰ）。

　当事者双方のどちらにとっても商行為でないときは，いわゆる民事仲立であり，宅地建物取引業者や結婚仲介業者は，民事仲立人となり，商法上の仲立人ではない。したがって，これらの者には，商法543条以下の規定は，当然には適用されない。商法543条（仲立営業）以下の規定は旧字体（カタカナ混じり）のままであったが，平成30年5月の改正により，現代文化された（主な改正部分は運送営業である）。

> ＊**宅建業法**　宅地建物取引は，他の取引と比較して取引対象の権利関係・契約条件等が複雑であり，しかもその価格が高額であるので，紛争になると深刻なケースに発展しがちであり，そこで宅地建物を免許業種として行政的に規制するため，宅地建物取引業法（宅建業法）が昭和27年に制定された（宅建業者との取引が原因で取引の相手方が被った損害を補塡する制度として，営業保証金制度と弁済業務保証金制度が定められている。参照，最判平成10・6・11判時1649・110百選67）。

## 二　仲立人の義務

　仲立契約は，準委任であるから，仲立人は委託者に対し善管注意義務（民656・644）を負うほか，商法上，次のような義務を負う。

### （1）　見本保管義務（商545）

　仲立人が媒介する行為について，委託者または相手方から見本を受け取ったときは，その行為が完了するまでこれを保管しなければならない。見本は，後日，取引の目的物をめぐって当事者間に争いが生じないよう，また生じた場合にこれを解決するための証拠として活用できるよう，仲立人にその保管義務を負わせた。「媒介する行為」とは売買のことであり，本条は見本売買に関する規定であると解されている。

### （2）　結約書交付義務（商546）

　仲立人の尽力により当事者間に契約が成立したときは，仲立人は遅滞なく結約書を作成して，署名した上，各当事者に交付しなければならない（商546 I）。結約書は仕切書ともいい，仲立人が媒介した行為（契約）の当事者の氏名または商号，契約の年月日およびその要領を記載したもので，当事者間の争いを防止し，あるいは争いを迅速に解決するため，仲立人に作成・交付義務が課せられた。

　契約が期限付や条件付であるためその履行が後日になるような場合には，仲立人は各当事者にも結約書に署名させなければならない（商546 II）。もし当事者の一方が結約書の受領または署名を拒否したときには，仲立人は遅滞なく他方の当事者にその旨を通知しなければならない（商546 III）。この場合，一方当事者が結約書の記載に異議があると思われ，他方当事者に速やかに必要措置を講じさせるためである。

### （3）　仲立人日記帳作成および謄本交付義務（商547）

　仲立人は，帳簿を作成し，結約書の記載事項を記載しなければならない（商547 I）。この帳簿は仲立人日記帳と呼ばれ，仲立人が媒介した他人間の取引について記載し，証拠保全を図るために作成が義務付けられた。当事者の請求が

あれば，仲立人はいつでもこの帳簿の謄本を交付しなければならない（商547Ⅱ）。帳簿の閲覧請求は認められていない。

### （4）　氏名・商号の黙秘義務（商548）

当事者がその氏名または商号を相手方に示さないよう命じたときは，仲立人は，結約書および仲立人日記帳謄本にその氏名や商号を記載することはできない。当事者には委託者だけでなく，その相手方も含む（通説）。

### （5）　介入義務（商549）

仲立人は媒介するだけであり，媒介される商行為の当事者になるわけではない。しかし，仲立人が一方当事者の氏名または商号を示さなかったときは，それが当事者からの指示によるものであろうとなかろうと，仲立人自らが他方当事者に対して当該取引上の債務を履行する責任を負う（介入義務ないし履行担保責任）。この場合，当該取引契約は，当事者間で成立する。本条は，氏名・商号を隠された相手方当事者を保護して仲立人の責任を規定したものである。

## 三　仲立人の権利

仲立人が報酬（仲立料）の請求をなしうるためには（特約なくして請求できる），仲立人の媒介によって当事者間に契約が成立したこと，および結約書交付の手続が終了したことが必要である（商550Ⅰ）。

商法550条2項により，仲立料は，各当事者半額ずつの負担とされている。したがって，仲立人は，媒介の委託を受けていない相手方に対しても報酬を請求しうる。

　　＊民事仲立人の報酬請求権　　商法550条2項が民事仲立営業（特に宅地建物取引業）に類推適用されるかについては，議論が分かれている。最高裁の立場は微妙であるが，少なくとも民事仲立人が相手方当事者のためにする意思をもって媒介を行っていた場合，すなわち事務管理が成立している場合，当該相手方当事者に対する報酬請求権が認められると解される（最判昭和44・6・26民集23・7・1264百選34，最判昭和50・12・26民集29・11・1890）。

　　＊仲介業者の排除と業者の報酬請求権　　いったん仲立契約を締結した委託者

　　　が報酬支払義務を免れるため，一方的に当該契約を解除して直接取引を行う
　　　例は少なくなく，この場合に仲立人の報酬請求権を認めるための理論構成に
　　　ついて議論がある。最判昭和45・10・22民集24・11・1599百選66は，委託者
　　　の一方的な契約解除は，条件成就の故意の妨害に当たり，仲立人は条件成就
　　　とみなすことを認め（民130），報酬を請求することができるとした。

　なお，仲立人は，媒介した取引契約の当事者ではなく，また代理人でもない
から，特約または特別の慣習がない限り，当該取引について当事者のために支
払その他の給付を受ける権限（給付受領権限）を有しないのが原則である（商
544）。

〈設　問〉────────────────────────────────
　　　◇民事仲立人は，媒介した行為の相手方に報酬を請求することができ
　　　　るか。
　　　◇委託者が仲立契約を一方的に解除して直接取引をした場合，仲立人
　　　　は報酬請求権を有するか。

# 第7章　問屋営業━━━

## 一　問屋の意義および問屋契約の性質

　問屋とは，物品の販売または買入につき他人の委託によって，自らが売買契
約の当事者になり（自己の名をもって），委託者のために（委託者の計算にお
いて），委託を実行することを営業とする者である（商551・552Ⅱ）。取次（商502
⑪）は，自己の名をもって他人のために法律行為をなすことを引き受ける行為
であるが，問屋は，準問屋（商558），運送取扱人（商559）とともに，取次業者
の1つである。証券会社が問屋の典型例である。問屋契約は，委任契約であり，
代理の規定も準用される（商552Ⅱ参照）。

> ＊**準問屋**　　準問屋とは，自己の名をもって他人のために販売または買入でな
> い行為を営業とするものである（商558）。ただ，物品運送の取次を営業とす
> る者は，運送取扱人として別に定められているから，狭義の準問屋から除外
> される。準問屋の例として，出版や広告の取次業，保険契約の取次業，旅客
> 運送の取次業などがある。なお，準問屋の行為には問屋に関する規定が準用
> される（商558）。

## 二　問屋の義務

　問屋は，受任者として，善管注意義務（民644）等，通知義務（商557・47）を
負う。また，問屋として履行担保義務（商553），指値遵守義務（なお商554）を負
う（委託者保護のため）。

## 1．通知義務

　問屋が委託者のために物品の販売または買入を実行したときは，委託者に対して遅滞なくその通知を発しなければならない（商557・47）。委託者の請求を待たないで通知すべき点が，民法の委任（民645）に対する特則となっており，商取引の迅速および委託者の便宜を図るためである。

## 2．履行担保義務

　問屋は，特約または特別の慣習がない限り，委託者のために行った販売または買入について，相手方がその債務を履行しないときは，自ら履行しなければならない（商553）。商法は，問屋に履行担保義務を負わせることにより，問屋制度の信用を確保し，委託者の問屋利用の目的に適合するよう委託者を保護する趣旨である。この義務は，政策的理由から法が特に認めた無過失責任であると解される。

## 3．指値遵守義務

　問屋が委託者の指定した金額より廉価で販売をし，または高価で買入をした場合において，自らその差額を負担するときは，委託者に不利益は生じないから，その販売または買入は委託者に対して効力を生じる（商554）。委託者が価格を問屋に一任する売買を成行売買といい，価格を指定する売買を指値売買という。問屋は，委任の本旨に従って売買を行う義務を負う（民644）から，委託者が指値をしたときはこれに従わねばならない。商法554条は，指値遵守義務を前提に，取引成立を助長し，取引の迅速化を図っている。もし問屋が指値に従わずそれにより委託者に差額を超える損害が生じた場合，問屋は当該損害を賠償すべきである（通説）。

## 三　問屋の権利

　受任者として報酬請求権（商512）等を，問屋として留置権（商557・51），供託権・自助売却権（商556・524），取戻権（破90・89Ⅰ），介入権（商555）を有する。

## 1. 報酬・費用等請求権と留置権

　問屋が委託された売買を実行したときは，報酬請求権（商512）や費用等の請求権を有するが，これらの権利を担保するため，留置権が認められている（商557・51）。すなわち，問屋の債権が弁済期にあるときは，弁済を受けるまで，問屋が委託者のために占有する物または有価証券を留置することができる。問屋は商人であるが，委託者は商人ではない場合もあり，商人間の留置権だけでは不十分であるから，商法は代理商と同様の留置権を認めた。

## 2. 供託・競売権

　買入委託者が問屋の買い入れた物品の受取を拒絶したとき，または受取が不能であるときは，問屋は，当該物品を供託するかまたは競売することができる（商556・524Ⅰ）。競売する場合，損敗しやすい物の場合を除き，相当の期間を定めて受取の催告をし，競売後は，遅滞なく委託者に対してその通知を発しなければならない（商524ⅠⅡ）。また，競売代金は供託しなければならないが，買入代金に充当してもよい（商524Ⅲ）。買入委託を受けた問屋の地位が商人間の売買における売主の地位に類似するから，同様な保護を問屋に与える趣旨である。

## 3. 介 入 権

　問屋は，取引所の相場のある物品の販売または買入を委託されたときは，自ら売買契約の当事者になることができ（商555Ⅰ），この権利を介入権という。委託者にとっては，売買が公正に行われる限り，誰が相手方になるかは問題でないのが普通であり，問屋にとっては，委託売買の第三者に求めなくても，自ら相手方となることができれば，同一種類の物品について，Ａからは販売をＢからは買入を委託された場合に，両者の委託を同時に実行することができるし，自己商を兼ねているときは，手持ちの商品を売却したいときや仕入を予定している商品があるときに便宜であり，結局，このことは委託が迅速に実行されることになり，委託者の利益にかなう。

ただ，介入権について，商品市場において，商品取引員が行使することは，政策的理由（公正な相場の形成・投資家の保護・売買手数料の免脱防止）から，これを呑行為として禁止している（商品先物取引法212）。

## 四　問屋のする売買の効果の帰属

### 1．問屋と相手方（商552Ⅰ）

問屋のする売買は，自己の名をもってするから，問屋が売買当事者としての権利を得，義務を負う。問屋と相手方との関係は，通常の売買における売主・買主間の関係と同じである。したがって，契約の成立および効力に影響のある事項については，原則として問屋と相手方との間についてのみ考慮すればよく，委託者を考慮に入れる必要はない。しかし，相手方が，委託者に対して有する抗弁は，問屋が委託者の指図に従って売買したときには，その実質を考慮して，問屋にも対抗することができると解するのが妥当である。

売買契約の相手方が債務を履行しないときは，問屋の損害は委任の報酬だけであるが，問屋が法律上の売主であることに鑑みて，問屋は，経済的に委託者に帰属する損害について，売買契約履行の代替ともいうべき賠償を請求することができると解される（通説）。

### 2．委託者と相手方

問屋の行う売買の当事者は，問屋と相手方であるから，委託者と相手方との間には，原則的に直接の法律関係は生じない。ただ，上述のように，実質的に考慮して，委託者に関する事情が例外的に相手方に影響する場合がある。

### 3．問屋と委託者（商552Ⅱ）

問屋と委託者との契約（問屋契約）は，物品の売買という法律行為をすることの委託であるから，委任であり，したがって，商法は，問屋と委託者との間においては，委任および代理に関する規定を準用すると規定するが（商552Ⅱ），委任の規定を適用し，代理の規定を準用する趣旨と解すべきである（最判昭和

31・10・12民集10・10・1260)。問屋契約という内部関係においては，問屋は委託者の代理人としての役割を果たしており，その限りで商法は，代理に関する民法規定を準用するとしている。この趣旨は，問屋の売買行為の効果が本来の代理（直接代理）の場合と同様，直接，委託者に帰属することを認めるもので，したがって，問屋が売買行為により取得した物品の所有権や債権は，問屋の特別な移転手続を必要とせず，当然に委託者に帰属することになる（近似の通説）。

**＊問屋の破産と委託者の取戻権**　問屋が委託者から物品の買入を委託され，売買契約を締結した後に，問屋が破産した場合に，委託者は，問屋が取得した物品について，権利者としての主張ができないか。法形式からすれば，問屋から権利移転を受ける必要がある。しかし，権利について実質的利益を有するのは，委託者である。問屋の債権者は，この権利についてまで自己の債権の一般的担保として期待すべきではなく，問屋が破産した場合に，委託者は右権利につき取戻権（破87）を有する（最判昭和43・7・11民集22・7・1462百選70）。

〈設　問〉────────────────────────────

　　◇問屋が委託者の指示に基づかないで行った売買の効力について述べなさい。

　　◇問屋から委託者に権利移転する前に問屋が破産した場合，委託者は，問屋が委託売買の実行により取得した権利を取り戻すことができるか。

# 第8章　運送営業━━━

## 一　総　説

　運送とは，人または物品を場所的に移動させることをいう。運送営業は，その対象により，物品運送営業と旅客運送営業に分けられる。運送営業は，運送が行われている地域により，陸上運送営業，海上運送営業および航空運送営業に分けられる（商569）。商法570条以下は，主に陸上運送を念頭に置いて規定する。ただ，鉄道および軌道による運送営業については，特別法として鉄道営業法があるほか，鉄道運輸規程，軌道運輸規程等の政令により詳細な規定が設けられ，商法を適用する余地は少ない。なお，海上運送については，商法第3編「海商」第3章「運送」（商737～）に規定されている。さらに国際運送に関しては，国際海上物品運送法で規定されている。航空運送については，航空法100条以下に規定があり，国際運送に関しては，国際運送に関するワルソー条約がある。

　運送人とは，陸上運送，海上運送または航空運送の引受けをすることを営業とする者である（商569①）。運送に関する行為は，営業的商行為であり（商502④），これを営業とする運送人は商人となる（商4Ⅰ）。運送人は，運送を引き受け，これに対し報酬を受けることを約束する契約を締結することを営業とする者である。

　商法（570～594）は，運送営業に関して，物品運送と旅客運送に分けて規定している。

## 二　物品運送契約

物品運送契約は，運送人が荷送人からある物品を受け取りこれを運送して荷受人に引き渡すことを約束し，相手方（荷送人）がこれに対してその報酬を支払うことを約束する契約をいう。運送契約は諾成の不要式契約である。しかし，運送契約においては同種の取引が大量に行われ，これを迅速に処理するため，実際には，契約内容を予め定めた約款（運送約款）が作成され，これに基づき運送契約が締結されることが多い。この運送約款により，運送契約に適用される法律の任意規定が修正変更されることが少なくない。

### 1．運送人の義務
#### （1）運送義務
運送人は，運送契約の本旨に従って善良な管理者の注意をもって運送をする義務を負う。これに違反した場合，債務不履行として損害賠償責任を負うが，これについては後述のように特別規定が設けられている。
#### （2）送り状交付義務（商571Ⅰ）
運送人が運送契約に基づいて運送品を受け取ったときは，運送人は，荷送人の請求により送り状を作成し，これを荷送人に交付しなければならない。送り状の記載事項は商法571条1項各号の通りである（電磁的方法により送り状を提供することができる（同Ⅱ））。
#### （3）危険物通知義務（商572）
荷送人は，運送品が引火性，爆発性その他危険性を有するものであるときは，その引渡しの前に，運送人に対し，その旨および当該運送品の品名，性質その他の当該運送品の安全な運送に必要な情報を通知しなければならない。
#### （4）荷送人による指図に従う義務（商580）
荷送人は，運送人に対して，その占有の下にある運送品の運送の中止または運送品の返還その他の処分を請求することができる（商580前段）。一方，運送人はこの指図に従う義務がある。

　この義務に基づいて処分を行った場合，運送人は既に行った運送の割合に応じる運送賃（割合運送賃），立替金およびこの処分によって生じた費用（積替費用，保管費用）の弁済を請求することができる（商580後段）。

**（5）　損害賠償義務**（商575）

Ⅰ．運送人は運送品の受取から引渡の間に，運送品の受取・運送・保管および引渡しに関して注意を怠らなかったことを証明するのでなければ，運送品の滅失・毀損もしくはその原因が発生し，または延着について，損害賠償の責任を負う（商575）。なお，この損害賠償義務は，債務不履行に関する一般原則を定める民法415条の注意規定にすぎない。

Ⅱ．運送人保護のため，滅失・毀損の場合の損害賠償額の特則が設けられ，一般の債務不履行の場合（民416Ⅱ）と異なり，運送品の客観的価値（積極的損害）のみに制限され，得べかりし利益（消極的損害）には及ばないとされ，しかも定型化されている。すなわち，運送人の賠償すべき損害額は，その引渡がされるべき地および時における運送品の市場価格（取引所の相場がある物品についてはその相場によって定められる（商576Ⅰ）。ただ，到達地における運送品の価格の中には，通常，運送賃その他の費用が含まれているから，そのいずれの場合においても，運送品の滅失または毀損のために支払うことを要しない運送賃その他の費用は賠償額から控除される（商576Ⅱ）。なお，運送人が悪意または重過失によって運送品を滅失・毀損させた場合には，運送人を保護する必要はなく，運送人は一切の損害を賠償しなければならない（商576Ⅲ）。運送人の履行補助者に悪意・重過失がある場合も同様である（通説・判例：最判昭和55・3・25判時967・61百選76は，使用人の重過失を認定した事例である）。

Ⅲ．高価品に関する特則がある（商577）。すなわち，貨幣・有価証券その他の高価品については，荷送人が運送を委託するにあたってその種類および価格を明告しなければ，運送人は一切の損害賠償責任を負わない。高価品とは，重量および容積に比較して著しく高価な物品をいい（最判昭和45・4・21判時593・87百選75），貨幣・有価証券のほか，貴金属，宝石，高級美

術品等がある。明告がないときは，運送人は普通品としての損害賠償義務
も負わない。明告がなかったが，運送人が高価品であることを知っていた
場合，故意または重過失によって滅失，損傷または延着が生じたときは，
高価品としての損害賠償義務を免れない（商577Ⅱ）。

Ⅳ．複合運送（商578）　　陸上運送，海上運送または航空運送のうち2以上
を1の契約で引き受けた場合における運送品の滅失等についての運送人の
損害賠償の責任は，それぞれの運送においてその運送品の滅失等の原因が
生じた場合に，当該運送ごとに適用されることとなるわが国の法令または
わが国が締結した条約に，従うものとされる（商578Ⅰ）。1項の規定は陸
上運送であってその区間ごとに異なる2以上の法令が適用されるものを1
の契約で引き受けた場合について準用される（商578Ⅱ）。大判明治44・
9・28民録17・535百選103は，複合運送の事例である。

Ⅴ．商法584条は，責任の消滅について定めている。運送人の責任は，荷受
人が異議をとどめないで運送品を受け取ったときは消滅する（商584Ⅰ本文）。
ただ，運送品に直ちに発見できない毀損または一部滅失があった場合，荷
受人が引渡の日から2週間内に運送人に対してその通知を発したときは，
運送人の責任は消滅しない（商584Ⅰ但書）。このような規定は，運送品を引
き渡した後に債務不履行を主張されても，運送人としては反証の方法がな
いことを考慮したものである。運送品が全部滅失した場合には，運送品の
受取はないから，この規定の適用はない。運送人に悪意があったときは，
運送人の責任は消滅しない（商584Ⅱ）。なお，同条3項参照。

　　＊**商法584条2項にいう「悪意」の意義**　　最判昭和41・12・20民集20・10・
　　2106旧百選90は，運送人が運送品に一部滅失または毀損があることを知って
　　引き渡したことをいうとする。学説の多数説は，運送人が故意に一部滅失・
　　毀損を生じさせ，または一部滅失・毀損を特に隠蔽することを意味するとい
　　う。

Ⅵ．運送人の責任は，荷受人が運送品を受け取った日から，運送品が全部滅
失した場合には引渡があるはずだった日から1年を経過したときは，運送

人に悪意があった場合を除き，消滅する（商585：原則である）。この規定は，運送品の滅失・毀損または延着による運送人の損害賠償責任にのみ適用される。なお，「悪意」の意義については前述参照。

Ⅶ．**不法行為責任**　　商法576条，577条，584条および585条は，運送品の滅失等についての運送人の荷送人または荷受人に対する不法行為による損害賠償について準用される（商587：ただし，荷受人があらかじめ荷送人の委託による運送を拒んでいたときを除く）。この不法行為による損害賠償責任が免除または軽減される場合，運送人の被用者も，故意または重過失の場合を除いて免除または軽減される（商588）。

　　＊**運送人の契約責任と不法行為責任**　　最判平成10・4・30判時1646・162百選77は，約款に基づく責任限度額の定めは，運送人の荷送人に対する債務不履行に基づく責任についてだけでなく，荷送人に対する不法行為に基づく責任についても適用されると解するのが当事者の合理的な意思に合致すると述べた。

## 2．運送人の権利

### （1）　運送品引渡請求権

運送人は，荷送人に対し運送の実行のため運送品の引渡を請求することができる。

### （2）　運送賃・費用償還請求権

運送人は，物品運送の報酬である運送賃の支払を運送品の引渡と同時に請求することができる（商573Ⅰ：運送は請負だから前払いを求めることはできない）。運送品がその性質または瑕疵によって生じたときは，運送人は運送賃の支払を拒むことができない（商573Ⅱ）。なお，この運送人の債権の消滅時効期間は行使可能な時から1年間である（商586）。

### （3）　供託権・自助売却権

運送人は，運送品の供託権および競売権を有する（商582・583）。運送人が迅速に運送品の引渡を完了し，運送品の保管義務を免れ，かつ，運送賃請求権を

確保できるようにする趣旨である。

### 3．荷受人の権利取得と義務負担（商581）

　荷受人は，運送契約の当事者ではないが，運送品が到達地に到達したとき，または運送品の全部が滅失したときは，荷受人は運送契約によって生じた荷送人の権利を取得し，荷受人は運送人に対して運送品の引渡を請求するとともに，その他必要な指図を行うことができ，また運送品の一部滅失・毀損・延着などによる損害賠償の請求をすることもできる（商581Ⅰ）。

　荷受人が運送品を受け取ったときは，運送人に対し運送賃その他の費用を支払う義務を負う（商581Ⅲ）。荷受人が運送品の引渡またはその損害賠償の請求をしたときは，荷送人は，その権利を行使することができない。（商581Ⅱ）。運送人の荷受人に対する債権も1年の時効により消滅する（商586）。

### 4．相次運送

　相次運送は，同一の運送品につき数人の運送人が相次いで運送をなす場合をいい，4つの形態がある。

### （1）　相次運送の意義と種類

Ⅰ．下請運送　　運送人がその引き受けた運送を実行するために他の運送人と運送契約を締結する場合である。実際にはこれが一番多い。第1の運送人を元請運送人，第2の運送人を下請運送人という。この場合，元請運送人は，荷送人に対して全区間の運送を引き受け，その全部または一部の実行を下請運送に行わせるのであり，下請運送人は元請運送人の引き受けた運送義務の履行補助者にすぎない。

Ⅱ．部分運送　　数人の運送人が同一の運送品につき各自独立して運送の一部を引き受ける場合である。この場合，各運送区間ごとに独立の運送契約が成立し，各運送人はそれぞれ自己の引き受けた区間についてのみ責任を負う。

Ⅲ．同一運送　　数人の運送人が共同して全区間の運送を引き受け，内部的

に各担当区間を定める場合である。運送契約は 1 個で，数人の運送人全員が契約当事者として連帯債務者となる（商511）。

Ⅳ．連帯運送　数人の相次ぐ運送人がいずれも全区間の運送を引き受けたものと認められる場合である。荷送人は第 1 の運送人と全区間について運送契約を締結し，その運送人は一部の運送のみを実行して，運送品を第 2 の運送人に引き渡し，このような方法で順次，数人の運送人が運送をするが，各運送人が運送を引き継ぐにあたり，最初の運送人の引き受けた全区間の運送関係に加入する場合である。荷送人との関係では 1 個の運送契約があるだけであり，これによって全区間についての運送の引受が行われる。1 通の運送状（通し運送状）によって運送が引き継がれる場合がこれに当たる。

**（2）　相次運送人の責任**

数人が相次いで運送をする場合には，各運送人は運送品の滅失等について連帯して損害賠償責任を負う（商579Ⅲ）。この規定は，連帯運送に適用される。これにより，荷送人または荷受人は，運送品の滅失・毀損または延着がどの区間で生じたかに関係なく，またその証明をしないで，いずれの運送人に対しても損害賠償を請求できる。

**（3）　相次運送人の権利**

相次運送の場合，後者の運送人は前者の運送人に代わってその権利（運送賃請求権・留置権など）を行使する義務を負う（商579Ⅰ）。後者が前者に対し運送賃・立替金その他の費用などを弁済したときは，後者は当然に前者の権利を取得する（商579Ⅱ）。この規定は，すべての相次運送に適用される。

## 三　貨物引換証⇒削除（平成30年改正）

### 1．意　義

貨物引換証は，運送人が運送品を受け取ったことを認証しその所持人が運送品の引渡債権を有することにしたものであるが改正により廃止された。貨物引換証は，有価証券であり，非設権証券，要式証券（商571Ⅱ），指図証券（商574），

処分証券（商573），受戻証券（商584）であるとされていた。貨物引換証が廃止
された現在，以下の議論は同じ運送証券である船荷証券および複合運送証券
（商769），倉荷証券（商600・601）に通じるので，運送証券の効力として議論する。


## 2．運送証券の効力

### （1）　債権的効力（商572）

　貨物引換証を作成したときは，運送に関する事項は，運送人と証券所持人と
の間においては，運送契約自体ではなく，貨物引換証の定めるところによるも
のとされていた（文言証券性）。

> ＊**貨物引換証の文言性と要因性**　　貨物引換証は，運送契約の存在を前提とし，
> 運送品の受取を原因として発行される証券であった（要因証券）。他方，貨
> 物引換証には文言的効力が認められた。証券の要因性と文言性とは矛盾する
> ため，両者の関係が問題となる。この問題は，特に運送品の受取なしに貨物
> 引換証が発行された場合（空券），または運送人が現実に受け取った運送品
> と証券の記載とが相違する場合（品違い）について論じられ，見解が分かれ
> ていた。しかし，文言証券に関する規定は，不実記載に関する規定に改めら
> れ，運送証券の文言証券性に関する商法の規定は，不実記載に関する規定に
> 改められ，運送証券の発行者は証券の記載が事実と異なることをもって善意
> の所持人に対抗できないとされた（商604・760・769Ⅱ）。これにより文言性
> が強化され，空券の場合も不実記載と解され易い。判例は，空券の場合は要
> 因性を重視して無効とし（倉庫証券について，大判大正12・8・12法律新聞
> 2177・18。なお，大判昭和13・12・27民集17・2848百選80参照），品違いの
> 場合は文言性を認めている（大判昭和11・2・12民集15・357）。改正商法の
> 下では，要因性を単に原因関係を証券上に記載することを要するという意味
> に捉え，不実記載をした運送人等については，契約締結上の過失（運送人等
> に無過失の証明責任が課された過失責任）を認めた方がいいという説が有力
> である。


### （2）　物権的効力（商605）

　運送証券により寄託物等を受け取ることのできる者に運送証券を引き渡した
ときには，その引渡は寄託物等の上に行使する権利（所有権，質権など）の取

得について寄託物等の引渡と同一の効力を有する（引渡証券性）。その結果，貨物引換証が発行されたときは，寄託物等に対する処分は，運送証券によらなければ行うことができない（商573）。

**物権的効力の法律構成**　これについては議論があり，代表説と絶対説が対立している。代表説は，倉庫営業者等による寄託物等の直接占有を前提として，証券所持人による寄託物等の間接占有が成立し，当該証券は倉庫営業者等の占有する寄託物等を代表するものであって，証券の交付は民法184条（指図による占有移転）とは別個に寄託物等の占有移転の効力を発生させるという。絶対説は，証券の引渡そのものが物品の占有移転の絶対的方法であり，民法の占有取得原因と無関係に独立して証券の引渡によって占有移転が生じるとする。なお，判例については，大判昭和7・2・23民集11・148百選82参照。

## 四　旅客運送契約

旅客運送契約は，旅客の運送という仕事の完成を目的とし，その対価として運送賃の支払がなされる契約である（商589：請負契約）。旅客運送契約においても，その契約の内容については，運送人が作成する運送約款が重要な役割を果たしている。

### 1．乗車券の法的性質

旅客運送契約は，諾成・不要式の契約であるが，実際には，大量，集団的な取引を処理するため，乗車券が発行されるのが通常である。乗車前に乗車券が発行された場合，その時点で運送契約が成立したものと認められる。通常の無記名の乗車券は，運送債権を表章する有価証券である（改札後は証拠証券になる）。記名式の定期乗車券は，通用期間や通用区間を限定したうえでの包括的な運送債権を表章する有価証券である（譲渡禁止）。

**回数乗車券の性質**　回数乗車券は，将来，成立すべき運送契約のために運送賃の前払いがあったことを証明する票券であり，ないしはその支払に代用するため便宜上，作成された票券であると解し，有価証券性を否定するのが

　判例である（大判大正6・2・3民録23・35旧百選102，大判昭和14・2・
　1民集18・2・77）。しかし，学説は，運送債権を表章するものとして有価
　証券性を肯定する。


## 2．旅客運送人の責任

### （1）　旅客の損害に対する責任

　旅客運送人は，自己またはその使用人が運送に関する注意を怠らなかったこ
とを証明しなければ，旅客が運送のため受けた損害を賠償しなければならない
(商590)。旅客の生命・身体に関する損害賠償責任を免除または軽減する特約は，
遅延を主たる原因とするものを除き，無効とされる（商591 I 。ただし，適用除外
として同II各号）。

### （2）　手荷物の損害に対する責任

Ⅰ．託送手荷物　　運送人が旅客から引渡を受けて運送する手荷物が損害を
　被った場合，運送人およびその被用者は，特に運送賃を請求しないときで
　も，物品運送人と同一の責任を負う（商592 I Ⅱ）。なお，運送人の供託・
　競売権について，商法592条3～6項参照。

Ⅱ．携帯手荷物　　旅客自身が携帯する手荷物については，運送人は，自己
　またはその使用人に過失がある場合を除き，損害賠償の責任を負わない
　(商593 I：同2項により，損害賠償責任，責任の消滅および不法行為責任について物品
　運送人の規定が準用される)。


## 3．旅客運送に関する規定の準用（商586）

　商法586条（委託者・荷送人に対する債権の短期消滅時効）の規定は，旅客
の運送人にこれを準用する（商586）。


〈設　問〉────────────────────────────────

　　　◇物品運送人の責任について述べなさい。

　　　◇相次運送とは何か。

# 第9章　運送取扱営業

## 一　運送取扱人の意義

　運送取扱人とは，自己の名をもって物品運送の取次ぎをなすことを営業とする者をいう（商559 I）。取次ぎは，営業的商行為であり（商502⑪），物品運送の取次を営業とする運送取扱人は商人である（商4 I）。取次ぎの目的が売買ではない点が異なるだけで問屋に類似するので，問屋に関する規定が準用される（商559 II）。したがって，商法上，運送取扱人に関する規定は，問屋営業の次に置かれている。ここでの運送は，陸上運送のみならず，海上運送や航空運送であってもかまわない。人の運送を取り次ぐ業者（JTBなど）は，運送取扱人ではなく，準問屋となる（商558）。

　運送取扱人は運送に関する様々な手続を履行し，必要な書類の作成や運送経路の選定も行うから，商人は自ら運送人を選定したり，運送経路を決めたり，さらには通関等の手続・書類の作成をしたりする手間が省けることになる。

## 二　運送取扱契約の意義と性質

　運送取扱契約は，運送取扱人が自己の名をもって委託者の計算において運送人と物品運送契約を締結することを引き受ける（物品運送の取次ぎをする）契約である。運送取扱契約は，民法の委任契約の一種である。

## 三　運送取扱人の義務

### 1．損害賠償責任（商560）

運送取扱人は，委任の本旨に従い善良な管理者の注意をもって運送取次事務を処理する義務を負う（商559Ⅱ・558，民644）。運送取扱人は，運送品の受取から荷受人への引渡しまでの間に，運送品が滅失・毀損または延着したときは，運送に関する注意を怠らなかったことを証明するのでなければ，損害賠償責任を免れない（商560）。この規定は，民法の債務不履行責任を具体的に定めたにすぎない。

損害賠償額については，運送人のような規定（商576）がないから，民法の一般原則に従うが，高価品については運送人に関する規定（商577）が準用される（商564）。

### 2．責任の短期時効（商566）

運送取扱人が委託者との間の運送取扱契約によって負担した債務は，商行為によって生じた債務であるが，5年の消滅時効にかかる規定（旧商522）は削除された。しかし，賠償責任については1年の短期消滅時効により消滅する（商564，585）。

## 四　運送取扱人の権利

### 1．報酬請求権（商561），費用償還請求権（商559Ⅱ・552），留置権（商562）

運送取扱人は，商人であり，特約がなくても報酬請求権を有する（商512）が，運送品を引き渡したときは，運送の終了を待たずに直ちに報酬を請求できる（商561Ⅰ）。ただし，運送取扱契約において運送賃が定められた場合には，特約がなければ報酬を請求できない（商561Ⅱ）。

運送人には，以上の債権を担保するために，留置権が認められる。すなわち，運送取扱人が運送品に関して受け取るべき報酬・付随の費用および運送賃・その他の立替金についてのみ，その弁済を受けるまで，当該運送品を留置するこ

とができる（商562：商人間の留置権，問屋・代理商の留置権と比較せよ）。

## ２．介入権（自ら運送を引き受ける。商565Ⅰ）

運送取扱人は，反対の特約がない限り，自ら運送人として運送を行うことができる（商563Ⅰ：介入権）。運送取扱人が委託者の請求により自ら般荷証券または複合運送状を作成したときには，介入権を行使するものとみなされる（商563Ⅱ）。介入権を行使する運送取扱人は，運送人と同一の権利義務を有する（商563Ⅰ後段）。

## ３．消滅時効

運送取扱人が委託者または荷受人に対して有する債権は，これを行使できる時から１年を経過したときは時効により消滅する（商564・586）。

## 五　荷受人の地位

荷受人は，運送品が目的地に到着しまたは全部滅失したときは，運送取扱契約によって生じた委託者の権利を取得し（荷受人の請求後は荷送人は権利を失う），荷受人が運送品を受け取ったときは，運送取扱人に対して報酬または運送賃その他の費用を支払う義務を負う（商564・581）。運送を取次ぐという運送取扱人の行為は，運送自体と密接な関係にあるから，商法は，運送取扱契約における荷受人を運送契約における荷受人と同一の地位に置いた。

## 六　相次運送取扱（商564・579ⅠⅡⅣ）

相次運送と同様，相次運送取扱も下請運送取扱，部分運送取扱，中継運送取扱の３類型があるが，商法は中継運送取扱について規定する。すなわち，中継運送取扱における中間運送取扱人（中継運送取扱人または到達地運送取扱人）は，委託者たる運送取扱人に代わってその権利を行使する義務を負う（商564・579Ⅰ）。中間運送取扱人が前者（前の運送取扱人または運送人）に弁済したときは，その権利を取得する（商564・579）。

〈設　問〉────────────────────────────

　　　◇運送取扱契約の法的性質について述べなさい。

　　　◇運送取扱人と荷受人との関係について説明しなさい。

# 第10章　場屋営業 ━━━━

## 一　場屋営業者の意義

　場屋営業者とは，一般公衆が来集するのに適した設備を設け，顧客にその設備を利用させることを目的として営業をなす者である。ホテル，劇場，映画館，パチンコ店，野球場，浴場などが場屋営業の典型である。

　　**＊ゴルフ場**　　名古屋地判昭和59・6・29判タ531・176は，ゴルフ場も場屋営業であるとした。

　商人がその営業の範囲内において寄託を受けた場合，報酬を受けないときであっても，善良な管理者の注意をもって，寄託物を保管しなければならない（商595：受寄者の注意義務）。

## 二　場屋営業者の責任

### 1．客から寄託を受けた物品に関する責任（商596Ⅰ）

　場屋営業者は，客から寄託を受けた物品の滅失または毀損について，それが不可抗力によって生じたことを証明しない限り，損害賠償責任を免れない（商596Ⅰ）。これは無過失責任であり，ローマ法のレセプツム責任に由来する。客とは，場屋施設の利用者であるが，必ずしも利用契約が成立していることは要しない。不可抗力とは，議論があるが，通説によれば，特定事業の外部から発生した出来事でかつ通常の注意を尽くしてもその発生を防止できないものと解されている（折衷説）。場屋営業者は客との特約でこの責任を減免できるが，場屋営業者が客の携帯品について責任を負わない旨を一方的に告示しただけでは，

免責の特約が成立したとは認められず，場屋営業者はこの責任を免れることは
できない（商596Ⅲ）。

## 2．寄託を受けないとき（商596Ⅱ）

客が特に寄託しない物品であっても，場屋内に携帯した物品が場屋営業者ま
たはその使用人の不注意によって滅失または損傷したときは，場屋営業者は損
害賠償の責任を負う（商596Ⅱ：法定責任）。単なる免責の掲示によってこの責任
を免れることはできない（商596Ⅲ）。

> **＊商法594条1項か2項か**　顧客が物品の寄託を行ったかどうかによって決
> まる。駐車場にとめた自動車や，コイン・ロッカーに入れた物品については，
> 寄託したと考えるべきでなく，場屋営業者が保管場所を提供しているにすぎ
> ないと解される。

> **＊商法596条の客**　本条における客とは場屋設備の利用者のことであるが，
> 必ずしも場屋営業者と場屋設備利用契約を締結している者に限らず，客観的
> にみて設備を利用する意思で場屋に入ったと認められる者も含まれる。

## 3．高価品に関する責任（商597）

貨幣・有価証券その他の高価品については，客がその種類および価額を通知
して場屋営業者に寄託したのでなければ，場屋営業者は，その物品の滅失また
は損傷によって生じた損害を賠償する責任を負わない（商597：法定責任）。この
規定の趣旨は，物品運送や運送取扱営業と全く同じであり，営業主を過酷な責
任から解放するものである。場屋営業者は，客が高価品であることを通知しな
くても，高価品であることを知っていた場合には，免責されないと解すべきで
ある。ここでも，この責任と不法行為責任との関係が問題となる。

> **＊大阪高判平成13・4・11判時1753・142**　商法597条の責任は，重過失の場
> 合にも免責され，かつ，不法行為にも同条が類推適用され，約款の責任制限
> 特則も同様に解されるという。

４．時効（商598）

　場屋営業者の責任にかかる債権は，場屋営業者が寄託物を返還し，または客が携帯品を持ち去った時から１年，物品の全部滅失の場合には客が場屋を去った時から１年を経過したときは，時効により消滅する（商598Ⅰ）。しかし，場屋営業者に悪意があったときは，この短期消滅時効の規定は適用されず（商598Ⅱ），民法の時効により消滅する（民166Ⅰ）。悪意の意義については，運送人の場合（商584Ⅱ）と同様な議論がある。なお，場屋営業者の責任には，運送人の責任に関する商法584条のような特別消滅事由は規定されていない。

〈設　問〉────────────────────────
　　◇場屋営業者の特別責任について説明しなさい。
　　◇商法596条の「不可抗力」の意義について述べなさい。

# 第11章　倉庫営業━━

## 一　倉庫営業者の意義

　倉庫営業は，物品運送と同様，他人の営業を補助する補助商である。物品運送は，空間的障害を克服するために利用されるのに対して，倉庫営業では時間的障害を克服するために利用される。

　倉庫営業者とは，他人のために物品を倉庫に保管することを営業とする者である（商599）。保管を営業とするということは，保管すなわち寄託の引受けを営業とすることであり（商502⑩），倉庫営業者は商人となる（商4Ⅰ）。

　保管する物品は動産に限られるが，寄託者が特定物として寄託する受寄物をそのまま返還する特定物寄託（単純寄託）の場合に限らず，油類・穀物のように，複数の寄託者の種類・品質の同等の受寄物を混合して保管し，同数量の受寄物を返還すればよい混蔵寄託（混合寄託）の場合もその受寄物は倉庫寄託の対象となる。

　倉庫営業は，経済活動に不可欠であり，公共的性格を有するので，行政的監督のため，倉庫業法が制定されている（営業および倉荷証券発行の許可制，料金および約款の届出性）。

## 二　倉庫寄託契約の意義と性質

　倉庫営業者が物品を倉庫に蔵置保管することを引き受ける契約を倉庫寄託契約という。倉庫寄託契約は，要物契約である。この契約は，民法上の寄託契約（民657〜）の一種であると解されている。要物契約かどうかについては，争い

がある。寄託物が引き渡される前でも，契約上の義務として，倉庫業者は保管
の準備をしておく必要があるかどうか，寄託物の引渡請求権が発生し，倉庫業
者は，寄託物の引渡がないときに相手方に損害賠償を請求できるかどうかに関
係する。いずれにせよ，商法に規定がないときは，補充的に民法の寄託に関す
る規定が適用される。

## 三　倉庫営業者の義務

### 1．保管義務

　倉庫営業者は，善良な管理者の注意をもって受寄物を保管しなければならな
い（商595）。この場合，寄託者の承諾を得たとき，またはやむを得ない事由が
あるときでなければ，倉庫営業者は下請業者等の第三者に保管させることはで
きず（民658Ⅰ），自ら保管しなければならない。受寄物の保管期間については，
契約で定められるのが通常であるが，特約がないときには，やむを得ない事由
がある場合のほか，倉庫営業者は受寄物入庫の日から6カ月を経過した後でな
ければ，受寄物の返還をすることができない（商612）。これは，期限の定めの
ない寄託においては，いつでも返還できるとする民法の原則（民663Ⅰ）の例外
であり（期限の定めがあるときでもやむを得ない事由があるときは期限前に返還すること
ができる：民663Ⅱ），倉庫寄託の経済的効用を前提にした寄託者保護の規定であ
る（約款では保管期間を3カ月とし，更新・特約の余地を認める）。

### 2．倉荷証券交付義務（商600）

　倉庫営業者は，寄託者の請求により寄託物について倉荷証券を交付しなけれ
ばならない（商600）。わが国では専ら倉荷証券が利用されている。倉庫営業者
が倉庫証券を発行したときには，必ず帳簿に記載しておかなければならない
（商602：倉庫証券控帳と呼ばれる。後述5参照）。記載事項は商法602条各号に定めら
れている。倉荷証券の再交付についても，規定が設けられている（商608）。ま
た，寄託物の分割請求についても規定が設けられている（商603）。

### 3．受寄物返還義務（商613）

寄託者または倉荷証券の所持人の請求があるときは，保管期間の定めの有無を問わず，倉庫営業者はいつでも受寄物を返還しなければならない（商613）。なお，倉荷証券を質入れした場合における寄託物の一部返還請求について，商法614条が定めている。

### 4．点検・見本摘出等に応じる義務（商609）

倉庫営業者は，寄託者または倉荷証券の所持人の請求があれば，営業時間内いつでも寄託物の点検・見本の摘出または保存に必要な処分をすることに応じる義務がある（商609）。このような規定は，寄託者の利益を保護するためである。

### 5．帳簿備付・記入義務

倉庫営業者は，寄託を受けた諸種の事情を明らかにするために，特別の帳簿を備え付けなければならない（商602・608・614）。この帳簿は，倉庫営業者の財産状態を明らかにするものではないから，商業帳簿ではない。

### 6．損害賠償責任（商610）

倉庫営業者は，自己またはその履行補助者が受寄物の保管に関し注意を怠らなかったことを証明しなければ，その滅失・損傷につき損害賠償責任を免れない（商610：注意的規定）。ただ，商法610条は任意規定であるから，約款でその責任を軽減できる（軽過失については免責される）。損害賠償額については，物品運送人のような規定（商576）はなく，民法の債務不履行についての一般原則が適用される。

> ＊最判昭和42・11・17判時509・63百選94　　第三者の所有物を寄託者が寄託した際に，倉庫営業者は寄託者に対し債務不履行責任を負うのか，さらに寄託物が第三者たる所有者に戻ったという特殊事情があるときに賠償義務を負担するのかを判断した事例。

　倉庫営業者の責任については，物品運送人と同様の特別消滅事由が定められている（商616）。すなわち，寄託者または倉庫証券所持人が留保をしないで寄託物を受け取り，かつ，保管料その他の費用を支払ったときは，その責任は消滅する。ただし，寄託物に直ちに発見することのできない毀損または一部滅失があった場合に，寄託者または証券所持人が引渡の日から2週間内に倉庫営業者にその通知を発したときは，倉庫営業者の責任は消滅しない（商616Ⅰ）。なお，倉庫営業者が寄託物の損傷または一部滅失につき悪意であった場合には，適用しない（商616Ⅱ）。また，短期消滅時効について，物品運送人の場合（商585）と同様の規定がある（商617：出庫の日から1年）。

## 四　倉庫営業者の権利

　倉庫営業者は次のような権利を有する。

### 1．保管料請求権（商611）

　倉庫営業者は，報酬（保管料・倉敷料）を請求することができる。保管料の支払義務者は，①倉荷証券が発行される場合，証券所持人であり（最判昭和32・2・19民集11・2・295百選96：証券上の文言記載を根拠に債務引受の意思の合致があるという。なお，物品運送における荷受人のような規定（商581）がない），②発行されない場合，寄託者である。倉庫営業者は，受寄物出庫のときでなければ保管料の支払を請求できない（商611本文）。保管期間経過前に一部出庫がなされた場合には，出庫の割合に応じて保管料を請求できる（商611但書）。しかし，保管期間が経過した後は，出庫前でも保管料を請求できる。

　倉庫営業者は，受寄物について輸入税，運送賃，保険料など立替金その他の費用を支出したときは，その償還を請求できるが，その請求時期は保管料についてと同様である（商611）。

　　　　＊最判昭和32・2・19民集11・2・295百選96　　倉庫営業者が証券所持人に
　　　　　保管料等の金額を額面とする小切手と交換に受寄物を返還してしまった後で，
　　　　　その小切手が不渡りになった場合に，倉荷証券上に保管料や費用は所持人が

支払う旨が記載されていたケースについて，証券所持人が裏書譲渡により倉荷証券を取得したときは，特段の事情がない限り，各当事者間に，その所持人が記載の文言の趣旨に従い右費用支払の債務を引き受けるという意思の合致があるものと解して，証券所持人への請求を肯定した。

## 2．供託権・競売権

倉庫営業者は，保管期間満了のときまたは保管期間中であってもやむを得ない事由があるときは，受寄物の引取を請求する権利を有するから，寄託者または倉庫証券の所持人が寄託物を受け取ることを拒みまたはこれを受け取ることができないときは，商人間の売買における売主に準じ，受寄物の供託権・競売権を有する（商615・524 I II）。

## 五 倉荷証券

### 1．意 義

倉庫証券とは，倉庫営業者に対する寄託物返還請求権を表章する有価証券の総称である。倉庫証券は，「預証券および質入証券」という2枚の証券が発行される場合（複券主義）と，倉荷証券という1枚の証券が発行される場合（単券主義）がある。単券主義を採る国は，ドイツ・カナダ・スペイン・アメリカなど，複券主義を採る国は，フランス・ベルギー・イタリア・ブラジルなどがある。いずれにせよ，倉庫証券は，運送証券と同様に扱われる。日本は併用主義を採っていたが，実際には，単券のみが利用されていたので，平成30年の商法改正により単券主義となった。倉荷証券は，要式証券（厳格なものではない）・法律上，当然の指図証券（商606・607）・有因証券・文言証券（商601）・処分証券（商605）・受戻証券（商613）としての性質を有する。

### 2．発 行

倉庫営業者は，寄託者の請求があるときは，倉荷証券を交付しなければならない（商600）。この場合，倉庫営業者は倉荷証券控帳に一定の事項を記載しな

ければならない（商602）。寄託物の性質が分割を許すときは，倉荷証券の所持人は，必要な費用を負担して，寄託物を数個に分けて，これに応じた数通の新証券の交付を求償権と引換えに受けることができる（商603）。商法が滅失した場合，証券の所持人が相当の担保を提供して再発行を請求できる（商608：約款では，公示催告の申立後という要件を加重）。

### 3．記載事項

　倉荷証券の記載事項は，①受寄物の種類・品質・数量および荷造の種類・個数ならびに記号，②寄託者の氏名または名称，③保管の場所，④保管料，⑤保管の期間を定めたときはその期間，⑥受寄物に保険を付けたときは保険金額，保険期間および保険者の氏名または商号，⑦証券の作成地および作成年月日，などの記載のほかに，番号の記載，倉庫営業者の署名が必要である（商601）。寄託物の個性についての記載は，寄託物の同一性を認識できる程度の記載が必要である。法定記載事項の記載を欠く場合，倉荷証券としての本質を失わない限り，証券そのものを無効にすべきではない。

### 4．譲渡と効力

　倉荷証券は法律上，当然の指図証券であり，裏書によって譲渡または質権の目的とされる（商606）。ただし，倉荷証券に裏書を禁止する旨を記載したときを除く（商606但書）。倉荷証券の裏書の方式に関して，法人名のみの記載と法人印を押捺するだけで代表者の署名を欠く場合，最判昭和57・7・8判時1055・130は，その商慣習ないし商慣習法の存在を否定している。

　倉荷証券の効力に関しては，その債権的効力（商法604条は倉荷証券の記載が事実と異なることをもって善意の所持人に対抗することができないと定める）と物権的効力（商605）が認められる（債権的効力について，大判昭和11・2・12民集15・357は，いわゆる品違いの場合に関し文言的効力を強調する立場を採用している）。

　　　　＊内容不知約款の効力　　最判昭和44・4・15民集23・4・755百選95は，

「受寄物の内容を検査することが不適当なものについてはその種類・品質および数量を記載しても当会社は責任を負わない」旨の免責条項は有効であると認めたうえで，内容検査が容易でないかまたは検査することによって品質・価格に影響を及ぼすことが取引の通念上，明らかな場合に限り，上記免責条項を援用して文言責任を逃れることができるとしている。

## 5．寄託物の一部出庫

寄託者は，質権者の承諾があれば，債権の弁済期前でも寄託物の一部返還を請求できる。この場合，倉庫営業者は返還した寄託物の種類・品質および数量を倉荷証券に記載し，かつ，その旨を帳簿に記載しなければならない (商614)。

## 六　荷渡指図書

実務では，倉荷証券のほかに荷渡指図書 (deliveryorder, D/O) が広く利用されている (荷渡依頼書という言葉もよく使われる)。これは発行者が物品保管者 (倉庫営業者・運送人) に宛ててその正当な所持人に対しそこに記載された物品の引渡を委託する証券である。荷渡指図書には，①物品保管者が発行する自己宛のもの (第1類型)，②物品の保管委託者が物品保管者に宛てて発行し，物品保管者が副署をしているもの (第2類型)，③物品の保管委託者が物品保管者に宛てて発行したもので，物品保管者の副署のないもの (第3類型) がある。荷渡指図書はすべて免責証券である。第1・2類型の荷渡指図書は，保管者に対する物品引渡請求権を表章し (有価証券である)，第3類型のものはその所持人の物品の受領資格を表章している (有価証券ではない)。荷渡指図書の引渡は物品の引渡と同一の効力を有するかという物権的効力の有無につき，通説・判例 (最判昭和48・3・29判時705・103) はこれを否定する。

＊**最判昭和57・9・7民集36・8・1527百選97**　一定時期の一定地域における慣行を前提に，荷渡指図書に基づき倉庫営業者の寄託者台帳上の寄託者名義が変更され，寄託の目的物の譲受人が指図による占有移転を受けた場合に，民法192条の占有を取得したことになるとした。

荷渡指図書の有価証券性が認められるときは，その流通について民法の規定

（民520の2～20）が適用され，指図式であれば裏書により譲渡できる（民520の2）。無記名式・選択無記名式のものは証券の引渡により譲渡でき，記名式のものも裏書により譲渡できる（担保的効力はない）。裏書には善意取得（商520の20・15）・抗弁制限の効果（民520の16）が認められる。第1・2類型の荷渡指図書による荷渡指図の撤回は認められないが，第3類型の場合は撤回は可能である（最判昭和48・3・29判時705・113）。

〈設　問〉────────────────────────────

　　　　◇保管料支払義務を負うのは誰か。
　　　　◇倉庫証券（倉荷証券）の性質および効力について述べなさい。

# 事 項 索 引

# 判 例 索 引

〈著者紹介〉

末永　敏和（すえなが　としかず）

京都大学大学院法学研究科博士課程退学
現　在　大阪大学名誉教授，岡山大学名誉教授，博士（法学）
弁護士

〈主要著書〉
『会社役員の説明義務』（成文堂，1986年）
『株主総会の法理論』（日本評論社，1991年）
『会社法演習ノート』（日本評論社，1997年）
『コーポレート・ガバナンスと会社法』（中央経済社，2000年）
『手形法・小切手法―基礎と展開』（中央経済社，2001年）
『会社法改革／取締役・監査役の法律』（中央経済社，2001年）
『会社法－基礎と展開（第3版）』（中央経済社，2002年）
『新株式制度の読み方・考え方』（中央経済社，2002年，共著）
『新コーポレート・ガバナンスの読み方・考え方』（中央経済社，2002年，共著）
『テキストブック会社法（第2版）』（中央経済社，2017年，共著）

商法総則・商行為法－基礎と展開（第3版）

| | |
|---|---|
| 2004年8月5日　初版第1刷発行 | 著　者　末　永　敏　和 |
| 2006年4月1日　第2版第1刷発行 | 発行者　山　本　継 |
| 2020年9月15日　第3版第1刷発行 | 発行所　㈱中央経済社 |
| | 発売元　㈱中央経済グループ パブリッシング |

〒101-0051　東京都千代田区神田神保町1-31-2
電話03（3293）3371（編集代表）
　　03（3293）3381（営業代表）
http://www.chuokeizai.co.jp/
印刷／㈱堀内印刷所
製本／誠製本㈱

© TOSHIKAZU SUENAGA 2020
Printed in Japan

※頁の「欠落」や「順序違い」などがありましたらお取り替えいたし
ますので発売元までご送付ください。（送料小社負担）

ISBN978-4-502-35831-9　C3032